NIVEAU B1+

SICHER
IN ALLTAG UND BERUF!

DEUTSCH ALS ZWEITSPRACHE
LEHRERHANDBUCH

Claudia Böschel

Hueber Verlag

Quellenverzeichnis

S. 174/175: Text Einstieg und Sehen und Hören 1: Susanne Schwalb, mit herzlichem Dank an Barbara Hemauer-Volk und das Team vom Atelier La Silhouette
S. 183/184: Text Oktoberfest: Bernhard Schulz, München
S. 184/185: Text Interview mit einem Weltreisenden: Susanne Schwalb und Thomas Bauer
S. 185/186: Text aus dem Film Zwei Zimmer Balkon, Produzenten: Kiri Trier, Felix von Poser, Drehbuch: Katharina Eyssen, Enno Reese, Regie: Enno Reese
S. 187: Text Das Atelier La Silhouette: Susanne Schwalb, mit herzlichem Dank an Barbara Hemauer-Volk und das Team vom Atelier La Silhouette
S. 188/189: Text Deutschlandlabor © Deutsche Welle und Goethe Institut

Zeichnungen: Jörg Saupe, Düsseldorff

Piktogramme

 Landeskunde — 1 🔊 8 Hörtext

 Lerntipps —  01 Film

Der Verlag weist ausdrücklich darauf hin, dass im Text enthaltene externe Links vom Verlag nur bis zum Zeitpunkt der Buchveröffentlichung eingesehen werden konnten. Auf spätere Veränderungen hat der Verlag keinerlei Einfluss. Eine Haftung des Verlags ist daher ausgeschlossen.

3. 2. 1. | Die letzten Ziffern
2023 22 21 20 19 | bezeichnen Zahl und Jahr des Druckes.
Alle Drucke dieser Auflage können, da unverändert, nebeneinander benutzt werden.
1. Auflage

Umschlaggestaltung, Layout und Satz: Sieveking · Agentur für Kommunikation, München
Konzept: Michaela Perlmann-Balme
Phonetik: Vertiefungen und Tipps z. T. von Veronika Rafelt
Tests: Susanne Wagner
Überarbeitung: Milena Angioni
Redaktion: Isabel Krämer-Kienle, Juliane Beck, Felix Steffan und Ingo Heyse, alle Hueber Verlag, München
Druck und Bindung: Friedrich Pustet GmbH & Co. KG, Regensburg
Printed in Germany
ISBN 978-3-19-011209-8

Art. 530_25613_001_01

INHALT

ÜBERBLICK

Das Lehrwerk *Sicher in Alltag und Beruf! B1+* wiederholt, festigt und erweitert den Stoff der Niveaustufe B1 und bereitet auf alle gängigen B1-Prüfungen vor. Das vorliegende Lehrerhandbuch erläutert und unterstützt die Arbeit mit dem Lehrwerk *Sicher in Alltag und Beruf! B1+*. Der Inhalt des Lehrerhandbuchs ist in fünf Bereiche untergliedert.

Konzeption des Lehrwerks *Sicher in Alltag und Beruf! B1+*

Zu Beginn werden zunächst die konzeptionellen Rahmenbedingungen des Lehrwerks vorgestellt und beschrieben. Hier wird der methodisch-didaktische Ansatz des Lehrwerks und seiner Komponenten detailliert erläutert.

Methodisch-didaktische Hinweise

Im Hauptteil des Lehrerhandbuches finden Sie konkrete Vorschläge zum Vorgehen im Unterricht sowie methodisch-didaktische Tipps zu den Aufgaben im Kursbuch und den Übungen im Arbeitsbuch. Darüber hinaus liefert das Lehrerhandbuch zu *Sicher in Alltag und Beruf! B1+* eine Menge an zusätzlichen Informationen und Übungen. Diese sind in die folgende vier Rubriken unterteilt:

- VERTIEFUNGEN: Zusätzliche Aufgabenstellungen zur Binnendifferenzierung
- TIPPS: Didaktische und unterrichtspraktische Hinweise
- FOKUS GRAMMATIK / PHONETIK: Informationen zur Vermittlung der Grammatik / Phonetik
- LANDESKUNDE: Hintergrundwissen in den Bereichen Politik und Kultur
- INTERKULTURELLES: Weiterführende interkulturelle Fragestellungen

Am Ende jeder Lektion finden sich zudem Vorschläge für die Umsetzung der Übungen zur Aussprache sowie Tipps zu Lernstrategien für die Lernwortschatzseiten.

Kopiervorlagen

Die Kopiervorlagen gliedern sich in drei Bereiche. Zum einen wird pro Lektion ein breites Spektrum an Interaktionsaufgaben, Brettspielvorlagen, erweiternden grammatischen und kommunikativen Übungen sowie Sprachspielen angeboten, sodass zusätzlich für Abwechslung im Unterricht gesorgt werden kann. Zum anderen gibt es zu jeder Lektion einen Test, mit dem sich schnell ein Überblick über den Spracherwerbsstand der Lernenden gewinnen lässt – die Kategorien *Wortschatz*, *Grammatik* und *Kommunikation* (Redemittel) fragen gezielt das Gelernte der jeweiligen Lektion ab.
Den Abschluss bilden zwei Tests zur Lernzielkontrolle (nach je vier Lektionen). Damit lässt sich der bisherige Lernerfolg und Kenntnisstand der Kursteilnehmenden (Fertigkeiten sowie Wortschatz und Grammatik) ermitteln. Die Hörtexte zu diesen Tests finden Sie unter www.hueber.de/sicher-in-alltag-und-beruf.

Methodenglossar

In den methodisch-didaktischen Hinweisen finden Sie immer wieder Anregungen, Ihren Unterricht mithilfe verschiedener Methoden noch abwechslungsreicher und lerntypenspezifisch zu gestalten. Im Methodenglossar sind alle vorgeschlagenen Methoden alphabetisch zusammengefasst und noch einmal genau beschrieben.

Anhang

Im Anhang finden Sie die Transkriptionen der Hörtexte des Kursbuches und der Filme sowie die Lösungen zu den Tests. Die Lösungen zu den Übungen und Lektionstests im Arbeitsbuch finden Sie und Ihre Lernenden im Lehrwerksservice unter www.hueber.de/sicher-in-alltag-und-beruf.

KONZEPTION DES LEHRWERKS *Sicher in Alltag und Beruf! B1+*

Das Lehrwerk *Sicher in Alltag und Beruf!* ist die Inlandsausgabe des Lehrwerks *Sicher!* und richtet sich an Lernende im deutschsprachigen Inland. Es ist für fortgeschrittene Lernende konzipiert, die mit dem breiten Lernangebot an Materialien ihre persönlichen und beruflichen Ziele erreichen können. Das Lehrwerk eignet sich besonders für Lernende, die sich auf eine Tätigkeit in einer deutschsprachigen Firma, eine Weiterbildung oder ein Studium vorbereiten möchten.

1 Sprachniveau und Kursplanung

Sicher in Alltag und Beruf! B1+ ist der erste Band eines umfassenden dreibändigen Unterrichtsprogramms für Fortgeschrittene auf den Niveaustufen B1+, B2 und C1. Die Lehrwerksreihe orientiert sich am *Gemeinsamen Europäischen Referenzrahmen für Sprachen (GER)* sowie dem *Europäischen Sprachenportfolio*. Bei der Planung des Grammatik- und Wortschatzprogramms wurde zudem das Curriculum für die Deutschkurse des Goethe-Instituts zugrunde gelegt.
Sicher in Alltag und Beruf! B1+ eignet sich als kurstragendes Lehrwerk für unterschiedlich strukturierte Sprachkurse und Berufssprachkurse. Das Lehrwerk stellt Materialien für ca. 80 bis 140 Unterrichtseinheiten bereit. Aufgrund seiner übersichtlichen Struktur richtet sich das Lehrwerk auch an Lehrkräfte, die erste Erfahrungen im Fortgeschrittenenunterricht sammeln.

2 Methodisch-didaktischer Ansatz

Das Lehrwerk *Sicher in Alltag und Beruf!* fußt auf den Grundsätzen *Lernerautonomie*, *Binnendifferenzierung*, *Zyklisches Lernen* und *Handlungsorientierung*.

Lernerautonomie
Die Aktivität im Unterricht wird soweit wie möglich auf die Lernenden selbst verlagert. Die Lernenden sollen dazu motiviert werden, die Verantwortung für ihr eigenes Lernen zu übernehmen. Hierzu sind die Aufgaben- und Übungstypen so angelegt, dass sie den verschiedenen Begabungen und Interessen der Kursteilnehmenden Rechnung tragen und dadurch unterschiedliche Lernertypen ansprechen.

Binnendifferenzierung
Die Sozialformen Partner- und Gruppenarbeit spielen im Lehrwerk eine zentrale Rolle. Lernende können je nach Kenntnisstand und Fähigkeiten „gruppiert" werden: „Schnellere" Paare oder Gruppen bekommen schwierigere Aufgabenstellungen oder Zusatzaufgaben, während die Kursleitung speziell die „langsameren" Lernenden unterstützen kann. In Bezug auf Strategievermittlung sollten am besten Lernende mit unterschiedlichem Kenntnisstand zusammenarbeiten, um voneinander zu lernen.

Zyklisches Lernen
Im Grammatikprogramm des Lehrwerks wird Bekanntes mit Neuem verbunden, sodass die Lernenden ihre Kenntnisse systematisch auf- und ausbauen können. Da viele Strukturen bei Fortgeschrittenen bereits bekannt sind (z. B. Adjektivdeklination in Lektion 1), geht es in erster Linie darum, bei der Verwendung der Strukturen mehr Sicherheit zu bekommen und ihre Eigenheiten kennenzulernen.

Handlungsorientierung
Unterrichtsgegenstand ist in der Regel eine Zielaktivität, die im realen Leben gebraucht wird (z. B. Messegespräche). Das Training aller Fertigkeiten ist eingebettet in realitätsnahe Situationen und Anlässe, was sich auch in der großen Zahl aktueller und authentischer Textsorten wiederspiegelt. Ebenso orientiert sich das Grammatikprogramm des Lehrwerks daran, welche Phänomene in welcher Realsituation gebraucht werden.

3 Baukastensystem

Sicher in Alltag und Beruf! ist ein flexibles Lehrwerk im Baukastensystem. Jede Lektion im Kursbuch setzt sich aus einer EINSTIEGSSEITE und den Bausteinen LESEN, HÖREN, SCHREIBEN, SPRECHEN, WORTSCHATZ und SEHEN UND HÖREN zusammen. Jeder Baustein umfasst dabei eine oder mehrere Seiten. Um Abwechslung in den Kursverlauf zu bringen, variiert der Ablauf und Umfang der verschiedenen Bausteine je nach Lektion. Ist ein Baustein in einer Lektion mehrmals vertreten, ist dies durch Ziffern gekennzeichnet (z. B. LESEN 1 und LESEN 2). Am Ende jeder Lektion steht eine Übersichtsseite GRAMMATIK. Auf jede zweite Lektion folgt der Baustein EXTRA BERUF, der unabhängig von den acht Lektionen auf je weiteren vier Seiten unterschiedliche Themen der Berufswelt fokussiert.
Der große Vorteil des Baukastensystems ist, dass die Bausteine innerhalb einer Lektion unabhängig voneinander behandelt werden können. Das erleichtert den flexiblen Einsatz des Lehrwerks und ermöglicht es, Schwerpunkte zu setzen und einzelne Aspekte zu vertiefen oder weggelassen, um dadurch ein individuell auf die Bedürfnisse der Kursteilnehmenden abgestimmtes Lernprogramm zu erstellen.

4. Komponenten

Das Lehrwerk *Sicher in Alltag und Beruf! B1+* bietet ein umfangreiches Angebot an Materialien und Medien für Kursteilnehmende und Lehrkräfte.

4.1 Kursbuch

Das Kursbuch ist in acht Lektionen unterteilt, deren Themen in den Bereichen Alltag, Beruf, Ausbildung und Studium angesiedelt sind.

Lektionseinstieg

Jede Lektion beginnt mit einer EINSTIEGSSEITE, die ein großformatiges Foto als Sprech- oder Schreibanlass bietet. Durch die Vieldeutigkeit der Bilder können im Kursgespräch interessante und aktuelle Aspekte eingebracht werden. Zugleich dient die erste Seite der Lektion zur Aktivierung des vorhandenen Vorwissens.

Seiten zu den Bausteinen

Der Hauptteil der Lektion widmet sich dem Training der rezeptiven und produktiven Fähigkeiten und ist in Bausteine untergliedert. Anhand authentischer und aktueller Lesetexte, Hörtexte und Filme, realitätsnaher Schreibimpulse und Sprechanlässe sowie Aufgaben zum Wortschatztraining werden die übergreifenden Themen der einzelnen Lektionen behandelt. Zur effizienten Navigation sind alle Aufgaben im Kursbuch zudem mit Verweisen versehen, die transparent machen, welche Übungen im Arbeitsbuch zur Vertiefung der Lerninhalte gemacht werden können.

Lerntipps und Landeskunde

Kleine Kästen bieten den Lernenden die Möglichkeit, ihre Lerntechniken systematisch zu verbessern bzw. ihr landeskundliches Wissen zu erweitern (*Wussten Sie schon?*).

Lernzielkontrolle

Die Lernziele jeder Seite sind am Seitenende in der Rubrik *Ich kann jetzt ...* zusammengefasst. Durch Ankreuzen können die Lernenden selbst bestimmen, ob sie die Ziele für sich als erreicht einstufen. Durch diese systematische Reflexion wird Seite für Seite die Lernerautonomie gefördert.

Grammatik

Am Ende jeder Lektion wird die in der Lektion behandelte Grammatik auf einer Übersichtsseite zusammengefasst. Querverweise in der Kursbuchlektion und auf der Grammatikseite ermöglichen eine einfache Handhabung.

Berufssprachliche Inhalte

In vielen Aufgaben wird das Thema Beruf implizit oder explizit aufgegriffen. Darüber hinaus folgen auf jede zweite Lektion vier Seiten EXTRA BERUF, die sich ausschließlich mit berufsspezifischen Inhalten auseinandersetzen. Der übergreifende Kontext in Sicher in Alltag und Beruf! B1+ ist das Thema Arbeitssuche. Im Fokus stehen die vier Themen *Bei der Berufsberatung*, *Berufliche Anerkennung*, *Stellenanzeigen* und *Auf der Jobmesse*.

4.2 Arbeitsbuch

Das Arbeitsbuch zu *Sicher in Alltag und Beruf! B1+* enthält zu jeder der acht Lektionen des Kursbuchs eine Vielzahl an Übungen, die im Unterricht oder als Selbstlernmaterial im Anschluss an den Unterricht bearbeitet werden können. Die Lektionen haben jeweils denselben thematischen Rahmen wie das Kursbuch, greifen bestimmte landeskundliche Aspekte auf und vertiefen sie.

Wiederholung des Wortschatzes

Jede Lektion beginnt mit ein bis zwei Übungen zur Wiederholung des Wortschatzes.

Übungen und Fertigkeiten

Die Übungen im Arbeitsbuch sind je einer Aufgabe im Kursbuch zugeordnet. Jede Übung ist (mindestens) einem Lernziel zugeordnet. Die Lernziele sind WORTSCHATZ, LESEN, HÖREN, SCHREIBEN, KOMMUNIKATION (Redemittel), WIEDERHOLUNG GRAMMATIK, GRAMMATIK ENTDECKEN, GRAMMATIK und LANDESKUNDE. Zur effizienten Navigation sind alle Aufgaben im Arbeitsbuch mit Verweisen auf die dazu passende Aufgabe im Kursbuch versehen.

Mein Dossier

Die letzte Übung einer jeden Arbeitsbuchlektion bietet die Möglichkeit, die lernerbezogene Textproduktion zu fördern. Dazu werden auch Fotos und kurze Texte integriert, die die Lebens- und Erfahrungswelt der Lernenden berücksichtigt.

Aussprache

Am Ende jeder Arbeitsbuchlektion finden sich Übungen zur Verbesserung der Aussprache und Intonation. Im Fokus stehen dabei in erster Linie Aspekte, die für Lernende aus allen Ausgangssprachen schwierig sind, wie schwierige Vokale und Konsonanten sowie Wortakzent, Satzakzent und Satzmelodie.

Lernwortschatz

Eine Seite mit Lernwortschatz rundet die Lektion ab. Hier ist eine Auswahl derjenigen Wörter aus der Lektion zusammengefasst, die für die Spracherwerbsstufe B1+ besonders relevant sind. Die Wörter sind den Seiten im Kursbuch zugeordnet. Der aufgeführte Wortschatz ist auch Grundlage für die Wortschatz- und Grammatikübungen im Arbeitsbuch.

Lektionstest

Auf der letzten Seite jeder Arbeitsbuchlektion gibt es einen Lektionstest. Er bietet den Lernenden die Möglichkeit zu überprüfen, ob sie das Pensum der Lektion bewältigt haben. Die Aufgaben haben immer eine eindeutige Lösung.

4.3 Medienpaket

Das Medienpaket zu *Sicher in Alltag und Beruf! B1+* enthält die Audio-CDs zum Kurs- und Arbeitsbuch sowie eine DVD mit den Filmen zum Baustein SEHEN UND HÖREN.

4.4 Lehrwerkservice

Zur Unterstützung Ihres Unterrichts bietet der Lehrwerkservice im Internet unter www.hueber.de/sicher-in-alltag-und-beruf weitere Materialien. Unter anderem finden Sie dort die Audiodateien der Hörübungen im Kurs- und Arbeitsbuch sowie die Lösungen zu den Arbeitsbuchlektionen und den Lektionstests im Arbeitsbuch zum kostenlosen Download.

EINSTIEG

Vor dem Öffnen des Buches

SOZIALFORM	ABLAUF	MATERIAL	ZEIT
Plenum	Schreiben Sie auf drei DIN-A4-Kartons „Ich heiße ...“ / „Ich bin hier, weil ...“ / „Was ich besonders gut kann, ist ...“ Die TN kommen einzeln (freiwillige Reihenfolge) nach vorn, stellen sich hinter die Schilder und berichten von sich selbst. Die anderen schreiben den Namen auf und finden nach der Vorstellung so viele spontane Assoziationen wie möglich zu den Buchstaben des Namens. Dabei muss nicht zu jedem Buchstaben eine Assoziation gefunden werden. Beispiel: Aktiv LeseN übuNgen machen TAngo tanzen Sie können im Unterricht noch einmal auf die „Namenskärtchen“ eingehen und diese ggf. auch im Kursraum aufhängen.	3 DIN-A4-Kartons	

1 Kursteilnehmende vorstellen

SOZIALFORM	ABLAUF	MATERIAL	ZEIT
Einzelarbeit	a) Notieren Sie an der Tafel oder an der Flipchart die drei Themen: *Familie, Beruf, Interessen*. Die TN schreiben zu jedem Thema in Form von Stichworten (Zahl, Name, Begriff) etwas über sich auf. Weisen Sie sie darauf hin, dass sie wirklich nur einzelne Wörter aufschreiben sollen, damit sie nicht zu viel von sich verraten.		
Gruppenarbeit	b) Teilen Sie den Kurs in Dreiergruppen auf. Dazu könnten Sie zum Beispiel jeweils eine Postkarte in drei Teile zerschneiden und die einzelnen Teile austeilen. Jede/r muss nun versuchen, die anderen Teile der Postkarte zu finden. Haben die TN sich gefunden, steht die Gruppe, die zusammenarbeitet, fest. Spielen Sie die Aufgabe einmal im Plenum durch, indem Sie zu den Bereichen Stichworte zu Ihrem Leben an die Tafel schreiben. Ein TN aus dem Kurs soll Ihnen Fragen stellen, die Sie wie in der Aufgabenstellung beantworten. Dann lösen die TN die Aufgabe in ihrer Gruppe. Gehen Sie herum und helfen Sie bei Schwierigkeiten.	Postkarten	
Gruppenarbeit	c) **AKTIVIERUNG:** Die TN laufen in ihren Dreiergruppen durch den Raum. Machen Sie eine schnellere Musik an und stoppen Sie sie mit dem Auftrag, sich jeweils mit einer anderen Dreiergruppe zusammenzufinden. Die TN der einen Gruppe stellen der anderen Gruppe jeweils eine Person vor. Dann läuft wieder die Musik bis zum nächsten Stopp und eine andere Person aus der Gruppe wird vorgestellt etc.	Musik	
Einzelarbeit	**AB 1/Ü1–2** Wortschatzwiederholung: Unterrichtssprache; auch als Hausaufgabe geeignet.		
Einzelarbeit	**AB 1/Ü3** Brief an sich selbst: Abrufen des momentanen Kenntnisstandes und Reflexion über die Erwartungen an den Kurs. Wenn die TN diesen Brief zu einem späteren Zeitpunkt noch einmal zur Hand nehmen, erkennen sie ihre Lernfortschritte. Auch als Hausaufgabe geeignet.		

SPRECHEN

1 Gespräche führen

SOZIALFORM	ABLAUF	MATERIAL	ZEIT
Einzelarbeit	Die TN markieren die Punkte, die ihnen leichtfallen, wenn sie mit anderen ins Gespräch kommen möchten. Zusätzlich können die TN die Punkte, die ihnen persönlich schwerfallen, in einer anderen Farbe markieren. Besprechen Sie die Ergebnisse anschließend im Kurs.		
Einzelarbeit	**AB 2/Ü4** Wortschatzübung zum Thema „Gespräche führen"; auch als Hausaufgabe geeignet.		

2 Beruflich in Kontakt

SOZIALFORM	ABLAUF	MATERIAL	ZEIT
Gruppen-arbeit	a) Teilen Sie den Kurs in Dreiergruppen auf. Die TN lesen die Redemittel und den Small Talk-Tipp (KB 2). Geben Sie den TN bei schwierigen Berufsbezeichnungen bzw. Berufswünschen (Studienfach), die Möglichkeit diese im Wörterbuch nachzuschlagen. Zur Vorbereitung eines Gesprächs können die TN die Kopiervorlage Lektion 1/1 nutzen.	Kopiervorlage Lektion 1/1	
Gruppen-arbeit	b) Weisen Sie darauf hin, dass es für den Gesprächsfluss wichtig ist, von Zeit zu Zeit auch Rückfragen zu stellen. Geben Sie eine Zeitvorgabe für die folgende Aktivität, z. B. 7 Minuten. Dann führen die TN in den Dreiergruppen Kontaktgespräche. Gehen Sie im Kurs herum und stellen Sie bei Bedarf ebenfalls Rückfragen, um so auch TN zu aktivieren, die weniger sprechen.	Eventuell eine Sanduhr / ein Glöckchen für Redewechsel	
Gruppen-arbeit	c) Die TN stellen ihre Interviewpartner im Plenum vor.		
Plenum	d) Die TN sprechen im Plenum über eventuelle Gemeinsamkeiten, z. B. ihren Berufswunsch oder ihr Herkunftsland.		
Gruppen-arbeit	**AB 2/Ü5** Übungen können in der Gruppe als Vorbereitung zu den Kontaktgesprächen erarbeitet werden.		

Ich kann jetzt ...

SOZIALFORM	ABLAUF	MATERIAL	ZEIT
Einzelarbeit	Besprechen Sie mit den TN, was die Zielsetzung dieser Rubrik ist: Die TN könnten mithilfe der „Ich kann jetzt ..."-Sätze noch einmal reflektieren, was Sie in dem Baustein gelernt haben und die eigenen Fähigkeiten einschätzen. Die TN markieren, was auf sie zutrifft. Da viele TN sich selbst eher niedrig einschätzen, kann es hilfreich sein, dass die TN – sofern die Stimmung in der Gruppe das erlaubt – nach der Selbsteinschätzung noch eine Lernpartnerin / einen Lernpartner um eine Einschätzung bitten.		
Plenum	**VERTIEFUNG:** Erarbeiten Sie gemeinsam eine Liste über Themen, die sich für Small Talk eignen. Über welche Themen kann man Kontakt aufnehmen? Welche Themen spricht man nicht an? Gibt es Unterschiede in den Herkunftsländern?		

HÖREN

Vor dem Öffnen des Buches

SOZIALFORM	ABLAUF	MATERIAL	ZEIT
Plenum	Sammeln Sie an der Tafel moderne Kommunikationsmedien: linke Seite Nomen: *Internet, Facebook* etc., auf der rechten Seite Verben: *mailen, chatten* etc. Danach können Sie zum Beispiel mit der **Ballmethode (Glossar → S. 164)** einzelne TN auffordern, darüber zu sprechen, wie oft sie bestimmte Kommunikationsformen benutzen. Werfen Sie dazu den Ball zu einer/einem TN und fragen Sie: *Chatten Sie oft mit Freunden?* Die/Der TN antwortet und wirft den Ball mit einer neuen Frage zu einer/einem anderen TN. Üben Sie auch die Artikel und geben Sie den Hinweis, dass viele Medien-Wörter sich gerade erst etablieren und manche noch nicht in den Wörterbüchern auftauchen. **VERTIEFUNG:** An den Verben *mailen, chatten* etc. kann man sehr schön erklären, wann ein Wort in den deutschen Wortschatz integriert wird: Erklären Sie den TN, dass man an der typisch deutschen Verbendung *-en* erkennen kann, ob ein ausländisches Verb schon in den deutschen Wortschatz aufgenommen wurde oder noch nicht.	Ball	

1 Zwei Interviews

SOZIALFORM	ABLAUF	MATERIAL	ZEIT
Einzelarbeit Plenum	a) Die TN ergänzen die fehlenden Wörter. Kontrolle im Plenum. *Lösung: Nuriye: Internet; Joshua: E-Mails, online, Handy*		
Einzelarbeit Plenum	b) Die TN hören und markieren, ob sie die Informationen gehört haben. Kontrolle im Plenum. *Lösung: Nuriye: Ja: 1, 2, 4; Nein: 3, 5; Joshua: Ja: 6, 7, 8; Nein: 9*	1 🔊 1–2	

2 Temporaladverbien

SOZIALFORM	ABLAUF	MATERIAL	ZEIT
Einzelarbeit Plenum	a) Die TN unterstreichen die Temporaladverbien. Kontrolle im Plenum. *Lösung: 3 nie, 4 selten, 5 manchmal, 6 manchmal, 7 meistens, 8 immer, 9 häufig*		
Plenum	b) Die TN entscheiden, wo sie die Adverbien einordnen sollen. Übertragen Sie die Darstellung aus dem Buch an die Tafel und weisen Sie darauf hin, dass die anderen Temporaladverbien prozentual nicht erfasst, sondern auf dem Zahlenstrahl nur ungefähr angegeben werden können. Die TN platzieren die Temporaladverbien. *Lösung: nie, selten, manchmal, oft / häufig, meistens, immer* Weisen Sie die TN auch auf die Grammatikübersicht im Kursbuch (→ KB 10/1) hin. Kontrolle im Plenum. **FOKUS GRAMMATIK:** Zwischen *häufig* und *oft* gibt es keinen inhaltlichen, aber einen strukturellen Unterschied. *Häufig* kann man sowohl als Adjektiv, als auch als Adverb benutzen, *oft* jedoch ausschließlich als Adverb. *Beispiel: Häufiges Telefonieren mit dem Handy ist teuer.* ↔ *Ich telefoniere häufig / oft mit dem Handy.*		

Einzelarbeit	c) Die TN schreiben wie im Beispiel Sätze über sich.		
Partnerarbeit Plenum	d) Die TN sprechen dann mit der Lernpartnerin / dem Lernpartner und präsentieren die Gemeinsamkeiten anschließend im Plenum. **TIPP:** Sie haben Zeit, die Texte während des Schreibens und des Sprechens zu kontrollieren. Sammeln Sie die Satzfehler für einen späteren Zeitpunkt und schreiben Sie sie dann anonym an die Tafel oder nutzen Sie sie als Kopiervorlage, in der die TN selbst die Fehler finden müssen.		
Einzelarbeit	**AB 3/Ü6** Wiederholungsübung zu bekannten Temporaladverbien der zeitlichen Reihenfolge und der Wiederholung. Weisen Sie die TN auch auf die Grammatikübersicht im Kursbuch (→ KB 10/1) hin.		
Einzelarbeit	**AB 3/Ü7** Einsetzübung zu den neu gelernten Temporaladverbien der Häufigkeit; auch als Hausaufgabe geeignet.		
Einzelarbeit	**AB 4/Ü8–9** Übungen zu den Themen „Medien nutzen" und „Neue und alte Medien"; als Hausaufgabe geeignet oder auch als Sprechanlass im Plenum.		

Ich kann jetzt ...

SOZIALFORM	ABLAUF	MATERIAL	ZEIT
Einzelarbeit	Die TN markieren, was auf sie zutrifft.		
Einzelarbeit	**VERTIEFUNG: Ampelkarten (Glossar → S. 164):** Alle TN erhalten am Anfang des Kurses je ein Set mit einem grünen, einem gelben und einem roten Kärtchen, das sie immer mitbringen. Am Ende eines Bausteins fragen Sie nach den Lernzielen, und die TN zeigen die entsprechende Karte. (Grün: Es kann weitergehen. / Gelb: Ich habe noch Fragen. / Rot: Ich habe es noch nicht gut verstanden.) So haben Sie als KL sehr schnell einen Überblick, ob die Mehrheit noch einmal Hilfe braucht oder nur einzelne TN, denen Sie dann bei Gelegenheit individuelle Hilfe anbieten können.	grünes, gelbes und rotes Papier, in DIN-A5-zugeschnitten	

LESEN

1 Sprachen im Kurs

SOZIALFORM	ABLAUF	MATERIAL	ZEIT
Plenum Gruppen- arbeit	a)–c) Sammeln Sie mit den TN die Sprachen, die die TN im Kurs sprechen und wie viele Kursteilnehmende mehr als zwei Sprachen sprechen. Halten Sie die Ergebnisse auf einem Flipchartbogen in einer Tabelle fest. Machen Sie eine Kursstatistik, in der Sie auch auf die Häufigkeit der einzelnen Sprachen eingehen **VERTIEFUNG:** Zeichnen Sie auf große Plakate einen Körperumriss und lassen Sie die TN in Gruppen, ggf. auch in sprachhomogenen Gruppen, darauf eintragen, wo jede gelernte Sprache für sie sitzt. Die Muttersprache ist wahrscheinlich bei jeder/m im Herzen, aber die Fremdsprachen können ganz unterschiedliche Körperassoziationen hervorrufen, zum Beispiel in den Füßen oder Händen, weil man viel damit arbeiten muss, im Kopf, weil man eine gerade lernt, im Ohr, weil sie wie Musik klingt etc. Die TN sollen ihre Entscheidung begründen. **INTERKULTURELLES:** Wenn Sie einen Kurs mit sprachheterogenen TN haben, fragen Sie die TN, ob in ihrem Heimatland mehrere Sprachen gesprochen werden und wenn ja, welche bei den TN zu Hause gesprochen wird bzw. welche die offizielle Landessprache ist? Können die TN alle Sprachen gleich gut? Wie viele und welche Sprachen sollte man im jeweiligen Land unbedingt beherrschen?	Flipchartbogen große Plakate	

2 Machen Sie den Test: *Wie lernen Sie am liebsten?*

SOZIALFORM	ABLAUF	MATERIAL	ZEIT
Einzelarbeit	Die TN lesen den Text und markieren ihre Antworten. Als Hausaufgabe für die TN, die sie im Kurs nicht gemacht haben.		

3 Welcher Lerntyp sind Sie?

SOZIALFORM	ABLAUF	MATERIAL	ZEIT
Einzelarbeit Plenum	Die TN übertragen ihre Ergebnisse und lesen die Auswertung. Klären Sie bei Bedarf unbekannte Wörter. Die TN fassen im Plenum die Texte zusammen und berichten von ihren Ergebnissen.		

4 Das Testergebnis

SOZIALFORM	ABLAUF	MATERIAL	ZEIT
Plenum	a) Fragen Sie die TN, ob das Testergebnis zu ihrer eigenen Einschätzung passt. Lassen Sie die TN begründen, gern auch im Vergleich mit dem Lernen von anderen Sprachen in der Vergangenheit.		
Gruppen- arbeit	b) Die TN gehen je nach Testergebnis in Gruppen zusammen.		

Gruppenarbeit	c) Die TN sprechen in den Gruppen über weitere Gemeinsamkeiten in der Art des Fremdsprachenlernens. **TIPP:** Weisen Sie die TN nach dem Lesen von *Wussten Sie schon?* auf Folgendes hin: Schreiben ist zwar das Medium, das man normalerweise am wenigsten benötigt, welches aber für den Spracherwerb eine wichtige Mittlerfunktion hat: Schreiben verlangsamt den Denkprozess und verringert so die Fehlerquote. Was man zu Papier bringt, sieht man vor sich, man spürt gleichzeitig Nähe und Distanz zu den eigenen Gedanken und kann diese so weiterentwickeln.		
Einzelarbeit	**AB 5/Ü10** Die TN ergänzen die Wörter im Lückentext; Übung auch als Hausaufgabe zur Wortschatzwiederholung geeignet.		

5 Adjektive

<table>
<tr><th>SOZIALFORM</th><th>ABLAUF</th><th>MATERIAL</th><th>ZEIT</th></tr>
<tr><td>Einzelarbeit
Plenum

Gruppenarbeit</td><td>a)+b) Die TN ergänzen die Tabelle und markieren die Endungen. Kontrolle im Plenum.
Lösung:
<table>
<tr><td></td><td>mit definitem Artikel</td><td>mit indefinitem Artikel</td><td>ohne Artikel</td></tr>
<tr><td>Singular</td><td>dem ganzen Körper, die unsichere Aussprache</td><td>eine klare Grammatiktabelle, ein gutes Gefühl</td><td>schneller Erfolg, aktuelles Deutsch,</td></tr>
<tr><td>Plural</td><td>den deutschen Artikeln</td><td colspan="2">lange Textpassagen, wichtige Wörter, kreative Aufgaben, kleine Fehler, deutschsprachige Filme, interessierte Leser</td></tr>
</table>
Die TN versuchen dann, mithilfe der Tabelle und auch der Grammatikübersicht im Kursbuch (→ KB 10/2) selbstständig die Endungen zu lernen. Weisen Sie die TN darauf hin, dass sie dabei mit Bildern, Tabellen, Merksätzen etc. arbeiten können. Ein Beispiel gibt die Zeichnung in c).
VERTIEFUNG: Die TN gehen in Vierergruppen zusammen. Kopieren Sie die Kopiervorlage Lektion 1/2 so oft, dass jede Gruppe mit einer Kopie arbeiten kann. Die TN üben die Adjektivdeklination wie in den Spielregeln vorgeschlagen.
TIPP: Sie können die Kopiervorlage Lektion 1/2 immer wieder zwischendurch als Wiederholung einsetzen und auch die Kopiervorlage verändern, indem Sie die Adjektive oder Nomen dem momentanen Lernwortschatz entsprechend anpassen.</td><td>Kopiervorlage Lektion 1/2, Spielfiguren, Würfel</td><td></td></tr>
<tr><td>Gruppenarbeit
Plenum</td><td>c) Die TN sprechen über die Lernformen, die sie angewendet haben, und sammeln die besten Ideen auf einem Flipchartbogen.</td><td>Flipchart</td><td></td></tr>
<tr><td>Einzelarbeit</td><td>AB 5/Ü11 Übung zur Adjektivdeklination mit indefinitem Artikel; auch als Hausaufgabe geeignet.</td><td></td><td></td></tr>
<tr><td>Einzelarbeit</td><td>AB 5–6/Ü12–13 Übungen zur Adjektivdeklination mit definitem Artikel; auch als Hausaufgabe geeignet.</td><td></td><td></td></tr>
<tr><td>Einzelarbeit</td><td>AB 6/Ü14 Übung zur Adjektivdeklination; auch als Hausaufgabe geeignet.</td><td>3 🔊 1</td><td></td></tr>
<tr><td>Einzelarbeit</td><td>AB 7/Ü15 Übung zur Adjektivdeklination mit indefinitem und definitem Artikel; auch als Hausaufgabe geeignet.</td><td></td><td></td></tr>
</table>

Einzelarbeit	**AB 7–8/Ü16–17** Grammatik entdecken und Übung zur Adjektivdeklination ohne Artikel; auch als Hausaufgabe geeignet.		
Einzelarbeit Plenum	**AB 8/Ü18** Gemischte Übung zur Adjektivdeklination; diese Übung enthält viele praktische Lerntipps. Fordern Sie die TN auf, den für sie schönsten Tipp zu nennen.		
Plenum	Weisen Sie auch auf den Lerntipp „Ausdrücke mit Adjektiven" zur Aufgabe 5c im Kursbuch (KB 6) hin. Legen Sie die Bedeutung und die Häufigkeit dieser Ausdrücke dar und animieren Sie Ihre TN dazu, den dort gegebenen Tipp auszuführen.		
Einzelarbeit	**AB 9/Ü19** Nomen-Verb-Verbindungen; auch als Hausaufgabe geeignet.		

Ich kann jetzt ...

SOZIALFORM	ABLAUF	MATERIAL	ZEIT
Einzelarbeit	Die TN markieren, was auf sie zutrifft.		
Gruppenarbeit	**VERTIEFUNG:** Die TN finden sich je nach Wahl des schönsten Lerntipps, siehe Arbeitsbuch (→ AB 8/Ü18), in Gruppen zusammen, schreiben ihren Tipp mit einem Beispiel auf ein großes Plakat und hängen dieses im Raum auf. So haben die TN die Lerntipps vor Augen und können immer wieder darauf zurückgreifen.	Plakat	

WORTSCHATZ

1 Ein Wörterbuch benutzen

SOZIALFORM	ABLAUF	MATERIAL	ZEIT
Plenum	Die TN markieren ihre Antwort. Stellen Sie weitere Fragen: *Welche Möglichkeiten gibt es noch, ein unbekanntes Wort zu verstehen oder genauer kennenzulernen? Was für ein Wörterbuch benutzen Sie? Wie wichtig ist ein Wörterbuch für Sie?* etc. Geben Sie den TN an dieser Stelle auch den Tipp, nicht alle unbekannten Wörter sofort nachzuschlagen, sondern immer erst zu versuchen, diese aus dem Kontext abzuleiten.		

2 Verschiedene Wörterbücher

SOZIALFORM	ABLAUF	MATERIAL	ZEIT
Plenum	a) Die TN sammeln die benutzten / bekannten Wörterbücher an der Tafel. Auf diese Weise können sich auch TN, die (noch) kein Wörterbuch benutzen, Tipps notieren.		

Plenum	b) Die TN überlegen, welche Vorteile das Wörterbuch links hat, und nennen sie im Kurs. *Lösung: Das einsprachige Wörterbuch stellt die Bedeutung eines Wortes nur im Zusammenhang vor; so lernen die TN sofort, wie das Wort in der Sprache benutzt wird. Viele Beispielsätze ermöglichen eine differenzierte Bedeutungsunterscheidung.* **TIPP:** Erklären Sie den TN, dass einsprachige Wörterbücher besonders ab der Niveaustufe B1 sinnvoll sind, um nicht immer zwischen Mutter- und Fremdsprache zu wechseln. Da das Gehirn für jede Information eine „Straße" anlegt, muss es bei diesem Wechsel immer erst beide „abfahren", ehe die Information weitergeleitet werden kann. Das kostet Zeit. Sinnvoller ist es, neue, nur deutsche „Straßen" zu bauen. In der Regel tun sich die TN aber mit einsprachigen Wörterbüchern schwer; sie sind erst einmal umständlich. Deshalb ist es gut, immer explizit nach Worterklärungen aus diesen Wörterbüchern zu fragen, wenn neue Vokabeln auftauchen, damit sich zumindest im Kurs eine Routine zum Gebrauch einstellt. Es ist nicht sinnvoll, andere Wörterbücher im Unterricht zu verbieten, aber man kann Phasen angeben, in denen sie zunächst nicht benutzt werden sollen.	einsprachiges Wörterbuch	
Plenum	b) Die TN überlegen, für welchen Zweck die abgebildeten Wörterbücher besser geeignet sind (z. B.: Wenn es schnell gehen muss und man eine ungefähre Ahnung haben möchte, was das Wort bedeutet etc.)		
Gruppenarbeit Plenum Gruppenarbeit	**VERTIEFUNG 1:** Machen Sie eine Wörterbuchausstellung. Die Wörterbücher sollen in Gruppen verglichen, die Abkürzungen erforscht werden. Hängen Sie, wenn gewünscht, ein Plakat mit den wichtigsten Abkürzungen im Kursraum auf. Die TN machen eine Checkliste und wählen aus den Wörterbüchern das ihrer Meinung nach beste aus. Auswertung im Plenum. **VERTIEFUNG 2:** Machen Sie ein Wörterbuchspiel: Die TN schlagen zum Beispiel irgendeine Seite im Wörterbuch auf und müssen mit allen fett markierten Einträgen auf der Seite spontan eine Geschichte erzählen.	verschiedene Wörterbücher Plakat	
Plenum Gruppenarbeit	c) Die TN markieren die Erklärungen und sagen, welche sie verstehen und welche nicht, und ob ihnen die Beispielsätze dabei helfen. Lassen Sie die TN im Wörterbuch weitere Beispiele suchen. Geben Sie am besten ein paar Verben aus der Lektion vor, wie zum Beispiel *verbessern, nachschlagen, ansehen.*		

3 Über Grammatik sprechen

SOZIALFORM	ABLAUF	MATERIAL	ZEIT
Plenum	Die Bücher bleiben geschlossen. Schreiben Sie einen beliebigen Satz an die Tafel. Deuten Sie auf einzelne Wörter und fragen Sie die TN, welche grammatikalischen Ausdrücke sie schon kennen. Halten Sie sie an der Tafel fest. Dabei ist es wichtig, dass Sie schwierige Grammatikthemen (Relativsatz, Infinitiv mit *zu* etc.) zwar mündlich anerkennen, aber nicht aufschreiben, weil man sonst zu sehr vom Thema abweicht. Es soll in erster Linie um die Basisbegriffe im Bereich Grammatik gehen.		

Einzelarbeit Plenum	a) Die TN öffnen die Bücher, lesen die Aufgabe 4a und ergänzen die Begriffe. Kontrolle im Plenum. *Lösung: Wortart: Nomen – Verb ...; Wortbildung: Stamm – Vorsilbe ...; Verb: reflexiv ...; Satzteil: Subjekt ...; Zeiten/Tempus: Präsens ...*		
Einzelarbeit Plenum	b) Die TN suchen Beispiele für die Wortarten. Kontrolle im Plenum. *Lösungsvorschlag: Nomen: Sessel, Stück, Bein, ...; Verb: vorstellen, arbeiten, machen; Artikel: eine, die, ...; Pronomen: sie, ihn, ...; Adjektiv: rechte, spätere, ...; Präposition: bei, auf, ...*		
Einzelarbeit	**AB 9/Ü20** Wortschatzübung zu Grammatik-Wörtern; auch als Hausaufgabe geeignet.		

Ich kann jetzt ...

SOZIALFORM	ABLAUF	MATERIAL	ZEIT
Einzelarbeit	Die TN markieren, was auf sie zutrifft.		
Partnerarbeit	**VERTIEFUNG:** Fragen Sie die TN, welche neuen Wörter sie heute gelernt haben. Sie schlagen diese Wörter im einsprachigen Wörterbuch nach und lesen die entsprechende Erklärung ihrer Lernpartnerin / ihrem Lernpartner vor. Kann sie / er das Wort erraten?	einsprachiges Wörterbuch	
Plenum	**Frage-Antwort-Ball (Glossar → S. 165):** Auf einem Ball steht ein Fragezeichen, auf dem anderen ein Ausrufezeichen. Werfen Sie die Bälle zwei TN zu. Wer den Ball mit dem Fragezeichen fängt, nennt einen grammatischen Begriff, zum Beispiel „Temporaladverb"; die/der Fänger des Balls mit dem Ausrufezeichen muss schnell mit einem Beispiel antworten, zum Beispiel „immer".	zwei Bälle	

SEHEN UND HÖREN

1 Mein Sprachenpass

SOZIALFORM	ABLAUF	MATERIAL	ZEIT
Einzelarbeit Partnerarbeit	Die TN füllen für sich den Sprachenpass aus und vergleichen abschließend mit ihrer Lernpartnerin / ihrem Lernpartner. **TIPP:** Unter www.sprachenportfolio.de finden Sie weitere ausführliche Kopiervorlagen zum Portfolio. Lassen Sie die TN eine Portfoliomappe anlegen, in der sie alle Dossiers und persönlichen Feedbackbögen sammeln können. Die TN können so selbstständig ihren Spracherwerb mitverfolgen, ihre Stärken und Schwächen besser erkennen und so weitere eigene Ziele formulieren.	Portfolio-mappe	

2 Wozu brauchen Sie Deutsch vor allem?

SOZIALFORM	ABLAUF	MATERIAL	ZEIT
Einzelarbeit	a) Die TN schauen sich die Zeichnungen an und überlegen, welche am besten zu ihnen passen. *Erläuterung: a) telefonieren, b) einkaufen c) am Computer arbeiten, d) unterwegs sein, e) berufstätig sein, f) Kinder im Kindergarten / in der Schule haben, g) krank sein, h) arbeiten*		

Partnerarbeit Plenum	b) Die TN sprechen mit ihren Lernpartnern darüber, wozu jeder Deutsch am meisten braucht. Natürlich sind mehrere Antworten möglich. Sie benutzen dazu die angegebenen Redemittel „Lernziele nennen". Dann berichten die TN im Kurs über ihre Lernpartner. Versuchen Sie, sich diese individuellen Ziele aufzuschreiben, um darauf während des Kurses binnendifferenzierend eingehen zu können.		

3 Interviews mit Deutschlernenden

SOZIALFORM	ABLAUF	MATERIAL	ZEIT
Plenum	a) Die TN lesen die Informationen. Lassen Sie sich von einer/einem TN kurz die Person beschreiben. Dann sehen die TN das erste Interview an und ergänzen die Informationen in der Tabelle. *Lösung: Sofia: Studium: Wirtschaftspädagogik; Stärken: Sprechen und Hören; Ziele im Kurs: Lesen und Schreiben, im Juli TestDaF machen.*	01	
Partnerarbeit Einzelarbeit Plenum	b) Die TN sollen sich zunächst nur die Fotos ansehen und vermuten, was für einen Beruf Javier und Colette haben und welche Ziele sie im Deutschkurs verfolgen. Sie können ihre Vermutungen dann ihrer Lernpartnerin / ihrem Lernpartner mitteilen. Dann sehen und hören die TN die anderen Interviews und ergänzen die Tabelle. Sie können das Hörverstehen binnendifferenziert anbieten, indem Sie den Kurs in mehrere Gruppen teilen. Jede Gruppe konzentriert sich nur auf eine Person. Kontrolle im Plenum. *Lösung: Javier: Studium: Pharmazie; Stärken: Deutsch verstehen und Lesen; Ziele im Kurs: schreiben und fehlerfrei sprechen.* *Colette: Beruf: Modedesignerin und Journalistin. Stärken: Lesen und Schreiben; Ziele im Kurs: Aussprache verbessern, Hörverstehen.* Überprüfen Sie noch einmal im Plenum, ob die Vermutungen gestimmt haben.	02–03	
Plenum	c) Fragen Sie die TN, wer ihnen besonders sympathisch ist und warum.		
Einzelarbeit Partnerarbeit	d) Die TN ergänzen die Tabelle nun für sich. **VERTIEFUNG:** Die TN berichten einer Lernpartnerin / einem Lernpartner von ihren Ergebnissen.		

4 Einen Text schreiben

SOZIALFORM	ABLAUF	MATERIAL	ZEIT
Einzelarbeit	Die TN schreiben mithilfe der Fragen einen kurzen Text über sich. **TIPP:** Um so einen Text zu schreiben, ist es gut, eine einleitende Schreibform wie zum Beispiel **Ecriture automatique (Glossar → S. 164)** zu verwenden, um den TN Zeit zu geben, sich auf das Schreiben einzustellen. Dabei schreiben die TN für fünf Minuten ohne Punkt und Komma, was ihnen durch den Kopf geht. Sie dürfen dabei nicht stoppen und nachdenken. Sie begleiten das Schreiben zum Beispiel mit klassischer Musik. Bedingung ist, dass dieser Text später nicht zur Kontrolle herangezogen wird. Er dient nur zur Einstimmung auf das Schreibthema, das dann nahtlos genannt und bearbeitet wird. Falls Sie für die TN ein Portfolio anlegen, können dieser Text und der Brief aus **AB 1/Ü3** schön gestaltet hier eingeheftet oder im Kurs aufgehängt werden.	Musik	

Mein Dossier

SOZIALFORM	ABLAUF	MATERIAL	ZEIT
Einzelarbeit	**AB 9/Ü21** Reflexion zum eigenen Lernverhalten bzw. zur Lernmotivation; auch als Hausaufgabe geeignet. Die Porträts können im Kursraum aufgehängt oder auch in der Portfoliomappe abgeheftet werden.		

Ich kann jetzt ...

SOZIALFORM	ABLAUF	MATERIAL	ZEIT
Einzelarbeit	Die TN markieren, was auf sie zutrifft.		

AUSSPRACHE: *e* und *er* am Wortende (Arbeitsbuch → AB 10)

1 Ergänzen Sie. Hören Sie dann und sprechen Sie nach.

SOZIALFORM	ABLAUF	MATERIAL	ZEIT
Einzelarbeit Plenum	Die TN ergänzen die Endungen. Dann hören sie und sprechen nach. **VERTIEFUNG:** Rappen Sie zusammen den Text.	3 🔊 2	

2 Welches Wort hören Sie? Markieren Sie.

SOZIALFORM	ABLAUF	MATERIAL	ZEIT
Einzelarbeit Plenum	Die TN markieren, welches Wort sie hören. Kontrolle im Plenum. **TIPP 1:** Weisen Sie die TN darauf hin, dass in der Endung „er“ das „r“ nicht gesprochen wird. Für das „e“ müssen die Mundwinkel locker bleiben, für das „er“, das wie ein kurzes schwaches „a“ klingt, ist der Mund leicht geöffnet. Diese Aufgabe fällt besonders Sprechern mit Arabisch als Ausgangssprache schwer. Diese können mit den Wörtern einen eigenen Zungenbrecher schreiben und diesen dann eine Zeit lang immer wieder üben.	3 🔊 3	

Einzelarbeit	**TIPP 2:** TN, die keinen Unterschied hören, können das Nachsprechen auch nicht erfolgreich üben. Deshalb ist es sinnvoll, sich Schwierigkeiten einzelner TN zu notieren. Erst wenn die TN für die Unterschiede durch Übungen wie *Was hören Sie? Markieren Sie.* sensibilisiert worden sind, ist es überhaupt sinnvoll, das Nachsprechen zu trainieren und die Laute richtig auszusprechen.		

3 Partnerdiktat

SOZIALFORM	ABLAUF	MATERIAL	ZEIT
Partnerarbeit	a)+b) Die TN schreiben einen Text wie im Beispiel mit möglichst vielen Adjektiven und diktieren ihn ihrer Lernpartnerin / ihrem Lernpartner. **VERTIEFUNG:** Wenn den TN nicht so viele Nomen einfallen, die sie in ihrem Diktat verwenden können, geben Sie ihnen ein paar Beispiele vor: *ein warmer Sommer, ein kalter Winter, eine interessante Stelle, eine schöne Wohnung ...*	einsprachiges Wörterbuch	

LERNWORTSCHATZ (Arbeitsbuch → AB 11)

SOZIALFORM	ABLAUF	MATERIAL	ZEIT
Einzelarbeit	**LERNSTRATEGIE-TIPP 1:** Regen Sie die TN dazu an, sich ein schönes Vokabelheft anzulegen, das sie im besten Fall immer wieder gern zur Hand nehmen. Dorthin können sie Fotos von Freunden, der Familie etc. kleben und noch einmal in Worte fassen, warum sie Deutsch lernen, um ihr persönliches Lernziel nicht aus den Augen zu verlieren. Das Gehirn liebt schöne Dinge, und manchmal hilft es zu sagen: „Ich möchte mir noch mal das schöne Heft anschauen." statt „Ich muss noch mal Vokabeln lernen." Außerdem hilft es, die Vokabeln auch mal „anzufassen", sie also abzuschreiben, ins Heft oder auf Kärtchen, um sie immer dabei zu haben.	Vokabelheft	

LEKTIONSTEST 1 (Arbeitsbuch → AB 12)

SOZIALFORM	ABLAUF	MATERIAL	ZEIT
Einzelarbeit	Mithilfe des Lektionstests haben die TN die Möglichkeit, ihr neues Wissen in den Bereichen Wortschatz, Grammatik und Redemittel zu überprüfen. Wenn die TN mit einzelnen Bereichen noch Schwierigkeiten haben, können sie gezielt noch einmal einzelne Aspekte wiederholen.		

EINSTIEG

Vor dem Öffnen des Buches

SOZIALFORM	ABLAUF	MATERIAL	ZEIT
Plenum	**Impuls (Glossar → S. 166):** Zeichnen Sie ein typisches Symbol für ein Fest an die Tafel, zum Beispiel einen Kuchen mit Kerze oder ein Geschenk, und lassen Sie die TN Assoziationen dazu finden. Stellen Sie keine Fragen und geben Sie den TN Zeit. Alles, was von den TN genannt wird, schreiben Sie an die Tafel. Steuern Sie das Tafelbild nur, indem Sie die genannten Wörter oder Wortgruppen sortieren, zum Beispiel nach Nomen, Verben, Adjektiven oder nach Wortfeldern wie „Geschenke", „Feste", etc. Dadurch fördern Sie das autonome, selbstbestimmte Lernen.		
Einzelarbeit	**AB 13/Ü1–2** Wortschatzübungen zur Wiederholung und Aktivierung des Themenfelds „Feiern und Feste".		

1 Eine besondere Feier

SOZIALFORM	ABLAUF	MATERIAL	ZEIT
Plenum	a)–b) Die TN äußern ihre Vermutungen. Alternativ können sie zu den Fragen miteinander **murmeln (Glossar → S. 167).**		
Plenum	b) Die TN berichten, wie sie die abgebildete Feier (Geburtstag in der Firma) feiern würden. Sammeln Sie die Ideen der TN an der Tafel.		
Plenum	c) Die TN nennen Beispiele für Anlässe zu Feiern in der Firma. Notieren Sie die Anlässe an der Tafel. Bitten Sie die TN dann, von ihren eigenen Erfahrungen in Firmen in den deutschsprachigen Ländern zu berichten: Was ist üblich bzw. wie stellen sich die TN eine solche Feier vor? *Mögliche Antworten: Geburtstagsfeier (Angestellter), Geburtstagsfeier (Chef / Abteilungsleiter), Jubiläum (Angestellter), Firmenjubiläum Pensionierung (Arbeitskollege/in), Abschluss einer Ausbildung, Einstand / Arbeitsantritt, Ausstand (z.B. Wegzug, Studium, Firmenwechsel), Weihnachtsfeier, Sommerfest, Feier zur Teambildung / Motivation*		
Gruppen-arbeit	**VERTIEFUNG 1:** Teilen Sie den Kurs in Dreiergruppen auf. Jede Gruppe macht sich Gedanken über eine Firmenfeier und organisiert sie. Schreiben Sie zur Orientierung folgende Punkte an die Tafel: Anlass der Feier • Ort (Firma / Restaurant / Veranstaltungsraum / ...) • Kosten (Wer trägt die Kosten? Z. B. Firma / Angestellte / ...) • Organisation (Wer organisiert die Feier? Z. B. Chef / Kollegen / ...)		
Plenum	**VERTIEFUNG 2:** Die TN berichten im Plenum über ihre Ergebnisse und überlegen, welche Firmenfeiern in ihrem Heimatland / ihren Kulturen typisch sind.		

HÖREN

1 Eine Einladung

SOZIALFORM	ABLAUF	MATERIAL	ZEIT
Einzelarbeit	a) Die TN sehen die Fotos an und ordnen zu, was passt. *Lösung: Small Talk = C, Begrüßung = B, Gastgeschenk = A*		
Partnerarbeit	b) Die TN sehen sich zu zweit die Fotos an und äußern Vermutungen.		
Partnerarbeit	c) Die TN beantworten die Fragen zu zweit. **VERTIEFUNG:** Die Lernpartner könnten ein komplettes Gespräch zum Foto B erfinden und dann im Plenum vorstellen.		
Plenum Gruppen- arbeit	**LANDESKUNDE:** Wiederholen Sie an dieser Stelle bei Bedarf die gängigen Regeln zum Thema „Du oder Sie" mit dem Hinweis, dass diese Regeln oft nicht ganz starr gehandhabt werden. 1. Man kann Kinder bis zum Eintritt der Pubertät duzen. 2. Unbekannte Erwachsene sollte man immer siezen. 3. In bestimmten Bereichen, die eine Gemeinsamkeit herstellen, duzt man sich, zum Beispiel beim Sport, in Vereinen, in (Sprach-)Kursen etc. 4. Ältere oder beruflich höhergestellte Personen bieten das *Du* an – nicht anders herum. **VERTIEFUNG:** Die TN gehen in Vierergruppen zusammen. Kopieren Sie die Kopiervorlage Lektion 2/1 so oft, dass jede Gruppe mit einer Kopie arbeiten kann. Die TN üben, in welchen Situationen „*Du* oder *Sie*" gebraucht wird.	Kopiervorlage Lektion 2/1, Spielfiguren, Würfel	
Plenum	**INTERKULTURELLES:** An dieser Stelle kann man weitere Themen wie zum Beispiel das Thema „Gastgeschenk" besprechen. Fragen Sie die TN: *Was schenkt man typischerweise in Ihrem Heimatland? Bringt man Blumen mit? Überreicht man diese mit oder ohne Papier? Gibt es Blumen, die man nicht mitbringen darf? etc.*		
Plenum	d) Die TN markieren die richtigen Sätze. Kontrolle im Plenum. *Lösung: Sie lassen ihre Gastgeber warten.* **VERTIEFUNG:** Da der Hörtext wichtige Redemittel enthält, können die TN fertigkeitenorientiert damit arbeiten: Diejenigen, die den Input besser über das Hören aufnehmen, versuchen, den Hörtext mit den Sprechern halblaut mitzusprechen. Generell fördert das halblaute Mitsprechen das Sprachgefühl und die Intonation. Diejenigen, die sich Redemittel besser über das Lesen einprägen, können die Transkripte erhalten (**Anhang → S. 169–170**).	1 🔊 3 Transkript zu 1 🔊 3	

Plenum	Weisen Sie auf die Information in *Wussten Sie schon?* hin. **INTERKULTURELLES:** Fragen Sie die TN, wie man üblicherweise mit einer Einladung zum Essen in ihrem Heimatland umgeht: *Wäre es in Ihrem Heimatland ein Problem, wenn Sie nicht zur verabredeten Zeit da wären? Wie viele Minuten/Stunden vor bzw. nach der verabredeten Zeit sind bei Ihnen noch in Ordnung? Hatten Sie schon einmal ein peinliches Erlebnis, weil Sie zu früh / zu spät zu einer Verabredung gekommen sind? Wie finden Sie es, dass die Deutschen / Österreicher / Schweizer so pünktlich sind? Und sind sie denn wirklich so pünktlich, wie man immer glaubt? Welche Erfahrungen haben Sie gemacht?* **TIPP: Fehlerteufel (Glossar → S. 165):** Wenn Sie Sätze der TN an die Tafel schreiben, dann übernehmen Sie die Sätze ruhig einmal wortwörtlich und kennzeichnen Sie die Stellen, wo ein Fehler auftaucht. Erklären Sie zunächst nichts und machen Sie normal mit der Aufgabe weiter. In der Regel kommen die richtigen Antworten automatisch von den TN. Sobald sie jemand geäußert hat, verbessern Sie ihn an der Tafel.		
Einzelarbeit	**AB 13/Ü3** Wortschatzübung zum Thema „Pünktlichkeit in der Arbeitswelt"; auch als Hausaufgabe geeignet.		
Einzelarbeit Plenum	**AB 15/Ü6** Lesetext zum richtigen Verhalten bei offizielleren Einladungen. Kontrolle im Plenum.		

2 Modalpartikeln

SOZIALFORM	ABLAUF	MATERIAL	ZEIT
Plenum	a) Die TN ergänzen die Minigespräche und vergleichen dann mit dem Hörtext. *Lösung: Musst du mich eigentlich immer kritisieren? Das dauert ja ganz schön lange. / Schau mal auf die Uhr. Ach was, der Bus war doch ganz pünktlich. Es war eigentlich ganz einfach. / Kommen Sie doch bitte herein. Diese Farbe ist ja toll.* **TIPP:** Modalpartikeln sind für viele TN ein Lernproblem. Sie sind schwer zu verstehen, da sie eine Haltung zu einer Aussage oder einer Frage ausdrücken und unterschiedlich gebraucht werden können. Man benötigt viele Beispiele, um deutlich zu machen, wann man sie benutzt. Machen Sie den TN deutlich, dass die im Kursbuch präsentierten Modalpartikeln nur eine kleine Auswahl sind und es noch mehr Modalpartikeln gibt. Weisen Sie die TN auch auf die Grammatikübersicht im Kursbuch (→ KB 20/1) hin.	1 🔊 4	
    Partnerarbeit Plenum	**FOKUS GRAMMATIK:** Modalpartikeln treten meist in gesprochener Sprache auf. Sie beziehen sich immer auf den ganzen Satz. Sie sind kein Satzteil, den man durch eine Frageprobe „erfragen" kann. Die Sätze werden noch einmal gehört und nachgesprochen. Die TN arbeiten zu zweit. Eine/r spricht den Satz mit Partikel, die/der andere ohne. Dabei sollen Sie auf die richtige Betonung achten. Fragen Sie die TN, was sich durch die Modalpartikeln verändert.		
Einzelarbeit Plenum	b) Die TN streichen die Wörter, die nicht passen. Kontrolle im Plenum. *Lösung:* Richtig ist: *Kommen Sie doch bitte herein. / Haben Sie es denn leicht gefunden? / Eine tolle Idee von Ihrem Mann, die Kollegen mal nach Hause einzuladen. / Ja, es freut mich, Sie alle mal kennenzulernen.*		

Einzelarbeit	**AB 14/Ü4** Grammatik entdecken: (Hör-)Übung zum Gebrauch der Modalpartikeln; auch als Hausaufgabe geeignet.	3 🔊 4–6	
Einzelarbeit	**AB 14/Ü5** Einsetzübung zu den Modalpartikeln, auch als Hausaufgabe geeignet; Kontrolle über den Hörtext.	3 🔊 7	

Ich kann jetzt ...

SOZIALFORM	ABLAUF	MATERIAL	ZEIT
Einzelarbeit	Die TN markieren, was auf sie zutrifft.		

SPRECHEN 1

1 Feiern

SOZIALFORM	ABLAUF	MATERIAL	ZEIT
Einzelarbeit Partnerarbeit	a)+b) Die TN wählen eine der Feiern, machen sich Notizen dazu, was ihnen daran gefällt und sprechen dann zu zweit mithilfe der Redemittel darüber.		

2 Telefongespräche mit Kollegen und Freunden

SOZIALFORM	ABLAUF	MATERIAL	ZEIT
Einzelarbeit Partnerarbeit	a) Die TN hören die Gespräche und markieren, um wen es geht. *Lösung: 1 = Herr Schulze, 2 = Kim, 3 = Frau Strauß* **VERTIEFUNG:** Versuchen Sie mit den TN über die **Verstehensinseln (Glossar → S. 168),** den Text zu rekonstruieren. Den Text finden Sie im Anhang **(Anhang → S. 170).**	1 🔊 5–7	
Plenum	b) Gehen Sie den Schüttelkasten mit den TN durch und erklären Sie ggf. „Eisbrecher“: Small Talk halten, etwas Gemeinsames suchen, Komplimente machen, über das Wetter sprechen, ...		
Einzelarbeit Plenum	Die TN ordnen die Bedeutungen den Sätzen zu. *Lösung: 3 Warum ich dich anrufe: Nächste ...; 4 Hättest du Lust, auch zu kommen? 5 Klingt gut. Wann denn? 6 Gern. Samstag habe ich noch nichts vor. 7 Soll ich was mitbringen ...?; 8 Also, es wäre toll, wenn du ...; 9 Also, ich komme wahrscheinlich etwas später ...* Lassen Sie die TN dann die Telefongespräche noch einmal anhören und weisen Sie sie darauf hin, auf die Redemittel zu achten. Kontrolle im Plenum.	1 🔊 5–7	
Einzelarbeit	**AB 16/Ü7** Einsetzübung zu den Redemitteln zum Thema „Jemanden einladen“; Kontrolle über den Hörtext; auch als Hausaufgabe geeignet.	3 🔊 8	

3 Rollenspiel: Jemanden einladen und eine Einladung annehmen

SOZIALFORM	ABLAUF	MATERIAL	ZEIT
Partnerarbeit	Die TN machen ein Rollenspiel zum Thema „Einladungen". Schreiben Sie mögliche Anlässe für eine Einladung an die Tafel , z. B. Grillfeier, Geburtstag, Hochzeit etc. Sie können auch die Anlässe im Kursbuch (→ KB 14/1) dafür nutzen. Achten Sie bei der Durchführung darauf, dass die TN die Redemittel in Aufgabe 2 anwenden. Weisen Sie sie darauf hin, dass ein paar Redemittel in der direkten mündlichen Kommunikation wegfallen können, wie zum Beispiel *Störe ich dich gerade?* oder *Warum ich dich anrufe ...* Wenn es irgendeine konkrete Situation im Kurs gibt, zu der eingeladen werden kann, dann greifen Sie sie an dieser Stelle auf. Je mehr „echte" Kommunikation stattfindet, umso besser. Man könnte zum Beispiel TN aus anderen Kursen zu einer Pausenparty, Kursfeier oder einer Weihnachtsfeier einladen und diese konkrete Szene proben. Wer spricht wen an? Wer soll was mitbringen? Ermuntern und ermutigen Sie die TN, das Rollenspiel auf diese Art so authentisch wie möglich zu halten. **TIPP:** Rollenspiele haben im Stehen eine andere Wirkung als im Sitzen. Man hat eine andere Körperhaltung, spricht freier und deutlicher. Bitten Sie die TN darum, beim Rollenspiel aufzustehen und die Szene so wirklichkeitsgetreu wie möglich nachzuspielen.		

Ich kann jetzt ...

SOZIALFORM	ABLAUF	MATERIAL	ZEIT
Einzelarbeit	Die TN markieren, was auf sie zutrifft.		
Plenum	**VERTIEFUNG:** Regen Sie an, dass die TN sich telefonisch oder auch direkt im Kurs zum gemeinsamen Lernen, zu einem Kaffee in der Cafeteria, einem Spaziergang im Park etc. verabreden und dabei versuchen, die Redemittel zu benutzen. Wenn alle damit einverstanden sind, können Sie eine gemeinsame Telefonliste oder eine Gruppe in einem sozialen Netzwerk erstellen.		

LESEN

1 Feiern

SOZIALFORM	ABLAUF	MATERIAL	ZEIT
Partnerarbeit Plenum	a)+b) Die TN wählen ein Kärtchen und suchen eine Lernpartnerin / einen Lernpartner mit dem gleichen Kärtchen. Sie überlegen gemeinsam, wo und wann die Party auf dem Kärtchen stattfindet und wen sie einladen möchten. **VERTIEFUNG 1:** Jedes Paar stellt sein Fest pantomimisch dar, die anderen raten. **VERTIEFUNG 2:** Die Lernpartner verfassen eine schriftliche Einladung zu ihrer Party.		

2 Verschiedene Einladungen

SOZIALFORM	ABLAUF	MATERIAL	ZEIT
Einzelarbeit Plenum Plenum	a) Die TN übertragen die Tabelle in ihr Heft und füllen sie aus. Weisen Sie die TN darauf hin, dass der Absender sich selbst mit einbezieht und deshalb von „wir" spricht. *Lösung:* *2 Freunde, Verwandte – Liebe(r) ..., Dich/Euch;* *3 Freunde – keine Anrede – wir/wer von Euch;* *4 Kollegen – Liebe Kolleginnen und Kollegen – wir;* *5 Freunde – Liebe Stammtisch-Freunde – wir* Sammeln Sie danach noch weitere typische Anredeformen an der Tafel. Auch die Indefinitpronomen „alle" und „jeden" gehören dazu. Lesen Sie zusammen mit den TN auch den Hinweis in *Wussten Sie schon?* **LANDESKUNDE:** Stammtisch: In vielen Lokalen ist oft ein Tisch als Stammtisch schon durch ein Schild markiert und so für die Stammtisch-Mitglieder „reserviert". Dort sollte man sich lieber nicht einfach so hinsetzen. Oft wird dort auch Skat, Doppelkopf oder Schafkopf gespielt. Das sind beliebte Kartenspiele im deutschsprachigen Raum. **INTERKULTURELLES:** Fragen Sie die TN: *Gibt es so etwas Ähnliches auch in Ihrem Heimatland? Gilt das für Männer und Frauen gleichermaßen? Setzt man sich zu Fremden an den Tisch?*		
Einzelarbeit	**AB 19/Ü14** Interviews und Fragen zu Kaffeehaus (A), Stammtisch (D) und Apéro (CH).	3 🔊 9–11	
Einzelarbeit Plenum	b) Die TN lesen noch einmal die Einladungen und markieren, ob die Aussagen richtig oder falsch sind. Kontrolle im Plenum. *Lösung: 1 F, 2 R, 3 F, 4 R, 5 F* **VERTIEFUNG 1:** Die TN lesen die Texte mit passenden Emotionen vor, zum Beispiel Text 1 traurig.		
Plenum	**VERTIEFUNG 2:** Die TN wählen einen bekannten Text und legen mehrere Stifte (oder Konfetti) quer auf den Text, sodass nur noch Satzstücke zu sehen sind. Je mehr Stifte man auf den Text legt, umso schwieriger wird es, den Text trotzdem lesen zu können. Die TN können die Schwierigkeit selbst steigern, indem sie bei jedem Durchgang mehr Stifte auf den Text legen. Alternativ kann man auch Kopien des Textes ziehen und Wörter mit Tipp-Ex weglöschen.	Stifte Alternativ: Kopien, Tipp-Ex	

3 Verben mit Präpositionen

SOZIALFORM	ABLAUF	MATERIAL	ZEIT
Einzelarbeit	**AB 16/Ü9** Grammatikwiederholung der reflexiven Verben mit Präposition; gut als Vorschaltübung geeignet.		
Plenum	a) Die TN unterstreichen die Präpositionen bei *einladen* und *freuen.* *Lösung: einladen zu meiner Abschiedsfeier – Dativ; mich freuen auf Sie/Euch – Akkusativ* Weisen Sie die TN auf die Grammatikübersicht im Kursbuch (→ KB 20/2) hin.		

Einzelarbeit	**AB 16/Ü8** Zuordnungsübung zum Thema schriftliche Einladungen. An dieser Stelle können Sie die TN noch einmal auf die Unterscheidung zwischen formeller/informeller bzw. mündlicher/schriftlicher Sprache hinweisen. Unter Freunden kann eine schriftliche Einladung im Sprachstil auch mündlichen Charakter haben.		
Einzelarbeit	**AB 17/Ü10** Grammatik entdecken: Verben mit Präposition: Die TN markieren die Verben mit Präposition, ergänzen und ordnen sie nach Kasus; auch als Hausaufgabe geeignet.		
Einzelarbeit	**AB 18/Ü11** Vertiefende Grammatikübung; auch als Hausaufgabe geeignet.		
Einzelarbeit Plenum	b) Die TN ergänzen die Fragewörter und die Präpositionalpronomen. Kontrolle im Plenum. *Lösung:* Sache: *Klar, darauf freuen wir uns alle. – Worauf freust du dich denn am meisten?* Person: *An wen? Wer ist denn Petra Maier? An sie sollen wir doch ...*		
Gruppenarbeit	**VERTIEFUNG:** Teilen Sie den Kurs in Gruppen à vier TN. Kopieren Sie die Kopiervorlage Lektion 2/2 so oft, dass Sie für jede Gruppe einen Satz Kärtchen mit Verben und Präposition haben. Die TN versuchen, zu den Verben die jeweils passende Präposition zu legen und einen Beispielsatz zu bilden. Nach einem Satz ist die/der Nächste dran.	Kopiervorlage Lektion 2/2	
Einzelarbeit	**AB 18/Ü12** Grammatik entdecken: Fragen und Antworten bei Verben mit Präposition; auch als Hausaufgabe geeignet.		
Einzelarbeit	**AB 19/Ü13** Einsetzübung zu den Präpositionalpronomen bei Personen und bei Sachen; auch als Hausaufgabe geeignet.		

Ich kann jetzt ...

SOZIALFORM	ABLAUF	MATERIAL	ZEIT
Einzelarbeit	Die TN markieren, was auf sie zutrifft.		
Gruppenarbeit	**VERTIEFUNG:** Die TN schreiben aus dem Kursbuch und dem Arbeitsbuch die Verben und Präpositionen getrennt voneinander auf Kärtchen, fügen sie wieder passend zusammen und bilden damit einen Satz.	Kärtchen	

SCHREIBEN

1 Quiz: Sprache in der digitalen Welt

SOZIALFORM	ABLAUF	MATERIAL	ZEIT
Partnerarbeit	a) Die TN überlegen sich, was die Abkürzungen heißen könnten. Weisen Sie die TN auch auf die Information in *Wussten Sie schon?* hin. *Lösung: hdl = Hab dich lieb; kp = kein Problem bzw. kein Plan; kA = keine Ahnung; LG = Liebe Grüße; WE = Wochenende*		
Partnerarbeit	b) Die TN schreiben eine Abkürzung in ihrer Sprache auf und erklären die Bedeutung.		

2 Schriftliche Verabredungen

SOZIALFORM	ABLAUF	MATERIAL	ZEIT
Einzelarbeit Plenum	a) Die TN ordnen die Nachrichten den Zeiten zu. Kontrolle im Plenum. *Lösung: 17:10 = 1, 18:25 = 3, 18:30 = 7, 20:30 = 6, 20:35 = 5, 22:30 = 4, 23:00 = 2*		
Partnerarbeit	b) Die TN schreiben sich mithilfe der Redemittel gegenseitig Nachrichten. **TIPP:** Die Kommunikation ist authentischer, wenn statt Zettel ein Smartphone benutzt wird.	Zettel oder Smartphone	
Partnerarbeit	c) Die TN lesen noch einmal alle Nachrichten und überprüfen die Verständlichkeit. Sie können sie ggf. mit einem anderen Paar tauschen.		
Einzelarbeit	**AB 20/Ü15** Komplexe Lese- und Schreibübung zu dem Thema „Eine Einladung ablehnen"; auch als Hausaufgabe geeignet.		
Einzelarbeit	**AB 21/Ü16** Leseübung zum Verstehen von Kurzmitteilungen; auch als Hausaufgabe geeignet.		

Ich kann jetzt ...

SOZIALFORM	ABLAUF	MATERIAL	ZEIT
Einzelarbeit	Die TN markieren, was auf sie zutrifft.		
Gruppenarbeit	**VERTIEFUNG:** Alle schreiben eine Einladung auf einen Zettel und legen sie in eine Schachtel. Zum Beispiel: *Ich habe am Freitag Geburtstag. Hast du Lust, zu mir zu kommen? Wir grillen mit ein paar Leuten.* Dann zieht jede/r aus der Gruppe einen Zettel, liest ihn vor, korrigiert ihn ggf. und lehnt die Einladung ab oder nimmt sie an.	Zettel, Schachtel/ Briefumschlag	

WORTSCHATZ

1 Partys feiern

SOZIALFORM	ABLAUF	MATERIAL	ZEIT
Plenum	a) Die TN äußern ihre Vermutungen, z. B. Weihnachtsfeier im Büro.		
Partnerarbeit Plenum	b) Die TN einigen sich zu zweit auf die drei für sie wichtigsten Aspekte für eine gute Feier. Vergleichen Sie im Plenum.		
Einzelarbeit	**AB 21–22/Ü17–18** Wortschatzübungen zum Thema „Feste und Feiern"; auch als Hausaufgabe geeignet.		

2 Eine Feier vorbereiten

SOZIALFORM	ABLAUF	MATERIAL	ZEIT
Partnerarbeit	a) Die TN entscheiden sich für eine Feier und ordnen zuerst die Tätigkeiten den Verben zu. Danach erstellen sie eine To-Do-Liste und ordnen die Tätigkeiten in eine sinnvolle Reihenfolge. *Lösung: Einladungen – verschicken; Blumenschmuck – aussuchen; Musikanlage – ausleihen; Musik – zusammenstellen; Getränke – kühlen; festliche Kleidung – anziehen*		

Einzelarbeit Plenum	**AB 22/Ü19** Wortschatzübung und Übung zu den Redemitteln „Jemanden höflich um etwas bitten“ und „Auf eine Bitte reagieren“. Eignet sich gut als Vorentlastung zum Rollenspiel in 2b. Kontrolle im Plenum. **FOKUS GRAMMATIK:** Der Konjunktiv II der höflichen Bitten wird immer dann angewendet, wenn man auf Fremde oder Freunde trifft, wie zum Beispiel im Restaurant, in der Kneipe, beim Einkaufen, auf der Straße, auf der Bank, auf der Post, am Bahnhof, unter Arbeitskollegen. Bitten können sehr unterschiedlich formuliert werden: eher unhöflich – ohne Verb und ohne „bitte“: *Die Rechnung!* nicht freundlich – Imperativ: *Bringen Sie mir die Rechnung!* freundlich – Frage + „bitte“: *Bringen Sie mir bitte die Rechnung?* Sehr freundlich – Konjunktiv II + Frage: *Könnten Sie mir bitte die Rechnung bringen?* Die Partikeln *vielleicht* und *(ein)mal* machen eine Bitte noch höflicher, wie zum Beispiel: *Hättest du vielleicht einen Augenblick Zeit für mich?* *Könntest du mir bitte mal den Zucker geben?*		
Partnerarbeit Plenum	b) Die TN führen das Rollenspiel durch. **TIPP:** Bei Anlaufschwierigkeiten können Sie mögliche Bitten/Ausreden nennen, zum Beispiel *eine Vase holen / ich weiß nicht, wo; sich um die Musik kümmern / einen schlechten Geschmack haben; tanzen / zwei linke Füße haben …* Sie können die Rollenspiele vorspielen lassen, und die TN wählen danach, wer die beste Ausrede hatte. **VERTIEFUNG:** Notieren Sie Verben und Ergänzungen aus 2a getrennt auf Kärtchen. Teilen Sie die Klasse in zwei Gruppen. Eine Gruppe erhält die Verben, die andere die Ergänzungen. (zum Beispiel *dekorieren – den Raum; schaffen – eine schöne Atmosphäre).* Jede/r TN zieht ein Kärtchen. Dann laufen alle durch den Raum und Sie machen die Musik an. Wenn Sie sie stoppen, sucht man sich schnell eine Lernpartnerin / einen Lernpartner und überlegt, ob Verb und Ergänzung zusammenpassen. Wenn ja, darf man weitermachen, wenn nicht, ist man raus. Dabei darf durchaus diskutiert werden, ob auch untypische Wortpaare zusammenpassen. Wenn man einen plausiblen Satz nennen kann, ist das erlaubt, zum Beispiel *eine Musikanlage wählen.* Wiederholen Sie die Aktivität mehrmals.	 Musik, Kärtchen	
	TIPP: Lassen Sie im Kurs eine kleine Party organisieren. Das fördert die Atmosphäre im Kurs und die Kommunikation läuft authentisch ab. Teilen Sie den Kurs in Vierergruppen auf. Jede Gruppe entscheidet zuerst, ob sie eine private Party oder eine Firmenfeier organisiert. Wichtig ist hierbei aber, auch interkulturellen Faktoren abzuwägen (zum Beispiel ob Paartänze ein Problem darstellen könnten etc.).		

Ich kann jetzt ...

SOZIALFORM	ABLAUF	MATERIAL	ZEIT
Einzelarbeit	Die TN markieren, was auf sie zutrifft.		
Plenum	**VERTIEFUNG 1:** Sammeln Sie noch einmal Wörter zum Thema „Feste und Feiern" an der Tafel (Nomen und Verben getrennt) und trainieren Sie zu den Nomen noch einmal die Artikel zum Beispiel durch **Artikelgymnastik (Glossar → S. 164)** Teilen Sie die Klasse in drei Gruppen: *der, die* und *das.* Lesen Sie Nomen aus dem Wortfeld „Feste und Feiern" vor und immer, wenn die TN glauben, dass „ihr" Artikel der richtige ist, stehen sie auf.		
Plenum	**VERTIEFUNG 2:** Fordern Sie die TN zu Beginn der nächsten Stunde auf, höflich um Dinge im Kursraum zu bitten und eine Bitte höflich abzulehnen, zum Beispiel: *Könntest du bitte das Fenster aufmachen? – Nein, tut mir leid. Ich friere so.*		

SEHEN UND HÖREN

1 Ein Volksfest

SOZIALFORM	ABLAUF	MATERIAL	ZEIT
Einzelarbeit	a) Die TN sehen die Reportage ohne Ton und markieren. *Lösung: Würste, Brezeln*	04	
Plenum	b) Die TN äußern ihre Vermutung zu den Fotos. *Lösung: Oktoberfest in München*		
Einzelarbeit	c) Weisen Sie die TN darauf hin, dass sie zunächst nur die Abschnitte zuordnen sollen. Die TN sehen das Video und machen sich Notizen. *Lösung:* Abschnitt 1: *4;* Abschnitt 2: *3, 5, 6, 7;* Abschnitt 3: *1, 2, 8*	05–07	
Plenum	d) Die TN beantworten die Fragen mit der **Ballmethode (Glossar → S. 164).** *Lösung: 1 König Ludwigs Frau Therese; 2 1810; 3 Trubel; 4 im September und Oktober, 5 singen; 6 11; 7 5000; 8 Romantik und Liebe*	Ball	
Einzelarbeit	**AB 23/Ü20** Lesetext zum Oktoberfest. Dieser ist gut als Vorbereitung auf die komplette Reportage geeignet, kann aber auch als Nachbereitung von Aufgabe 1d (als Hausaufgabe) gemacht werden.		
Einzelarbeit Plenum	e) Die TN markieren ihre Antworten. Die richtigen Antworten werden dann noch einmal in ganzen Sätzen im Plenum wiedergegeben. *Lösung: 1 ... haben Platz für etwa 5000 Gäste; 2 ... mögen dieses Volksfest nicht; 3 ... die Karussells und Süßigkeiten*	06	

Ich kann jetzt ...

SOZIALFORM	ABLAUF	MATERIAL	ZEIT
Einzelarbeit	Die TN markieren, was auf sie zutrifft.		
Plenum	**VERTIEFUNG:** Fragen Sie die TN: *Was denken Sie über das Oktoberfest? Hätten Sie Lust, es einmal zu besuchen?*		

SPRECHEN 2

1 Eine Präsentation planen

SOZIALFORM	ABLAUF	MATERIAL	ZEIT
	Betonen Sie, bevor Sie mit dem Baustein SPRECHEN 2 beginnen, dass Sie am Ende der Aktivität eine Präsentation über ein Fest aus dem Heimatland der/des TN erwarten. Das macht zum einen die Wichtigkeit der Aufgabe deutlich, zum anderen ist produktorientiertes Lernen für die TN interessanter und motivierender.		
Einzelarbeit Gruppenarbeit	Die TN überlegen sich ein typisches Fest und machen sich dazu Notizen. TN aus gleichen Städten / Ländern können ggf. zusammenarbeiten. **TIPP:** Es gibt immer TN, die eine etwas längere Phase brauchen, bis ihnen etwas einfällt. Unterstützen Sie sie mit zusätzlichen Fragen: *Auf welchem Fest waren Sie in letzter Zeit? Wie feiert man bei Ihnen eine Hochzeit?* etc.		
Einzelarbeit	Fordern Sie die TN auf, das von ihnen gewählte Thema weiter auszuschmücken: Ist es möglich, dass die TN Fotos, Kostüme, Musik, typisches Essen etc. mitbringen?	Fotos, Musik, Essen, etc.	

2 Eine Präsentation vorbereiten

SOZIALFORM	ABLAUF	MATERIAL	ZEIT
Einzelarbeit	a) Die TN versuchen, ihre Stichworte aus 1 zunächst auf einem Blatt Papier zu strukturieren, bevor sie sie als Präsentation aufbereiten. Ggf. können die TN die Aufgabe auch zu Hause als PowerPoint-Präsentation vorbereiten. Sollten die technischen Voraussetzungen dafür nicht vorhanden sein, können die TN auch ein Tafelbild erstellen. **TIPP:** Erklären Sie, wie man Stichpunkte macht: keine ganzen Sätze bzw. Nebensätze schreiben; nur wichtige einzelne Nomen und zugeordnete Personen oder Beschreibungen notieren; wenn nach Tätigkeiten gefragt wird, einzelne Verben aufschreiben. Weisen Sie dazu die TN auch auf den Lerntipp zur Aufgabe hin.		
Einzelarbeit	b) Die TN schreiben sich auf, was sie zu welcher Folie sagen möchten. Gut eignen sich dafür Karteikärtchen, weil man sich vom Platz beschränken muss und so nicht versucht ist, die Präsentation abzulesen. Wichtig aber ist, die Inhalte ein paar Mal im Vorfeld zu üben oder gar auswendig zu lernen. **TIPP:** Weisen Sie die TN darauf hin, dass sie für ihre Präsentation nicht aus Wikipedia o. Ä. abschreiben sollten. Sie können auch das Thema „Plagiat“ ansprechen: Ein Plagiat ist, wenn man das, was man aus anderen Texten abschreibt, nicht als Zitat markiert. Damit verletzt man das Urheberrecht, was strafbar ist.	Karteikärtchen	

3 Ihre Präsentation

SOZIALFORM	ABLAUF	MATERIAL	ZEIT
	a) Die TN lernen die passenden Redemittel „Eine Präsentation formulieren“. **TIPP:** Zum effektiven Lernen: Die TN können (auch zu Hause) im **Mönchsgang (Glossar → S. 167)** lernen, das heißt, sie laufen langsam durch den Raum und sprechen ihre Sätze vor sich hin. In der Bewegung prägt sich vieles leichter ein. Andere Methoden, die Sie mit den TN ausprobieren können, wären: zu den Redemitteln kleine Zeichnungen anfertigen lassen, die Redemittel gurgeln / brummen / mit Emotionen sprechen. Hier hat jeder TN seine eigene Methode, wie sie / er am besten lernen kann.		
	b) **TIPP:** Zum richtigen Präsentieren: Um ein Gefühl dafür zu bekommen, wie es ist, vor Publikum zu stehen, sollten die TN zu Hause vor dem Spiegel üben. Wenn sie schnell nervös werden, können sie sich eine Strategie überlegen, zum Beispiel bis drei zählen, auf ein Bild schauen etc., um während der Präsentation wieder ruhiger zu werden. Weisen Sie auch auf den Lerntipp zur Aufgabe hin.		
	c) Die TN halten ihre Präsentationen. Geben Sie dafür Termine vor, wann jede/r an der Reihe ist, um nicht zu viel auf einmal zu hören. Mehr als eine Präsentation pro Kurstag sollten Sie nicht einplanen.		

Mein Dossier

SOZIALFORM	ABLAUF	MATERIAL	ZEIT
Einzelarbeit	**AB 23/Ü21** Erinnerung an ein Fest; auch als Hausaufgabe geeignet. Die TN können diese Seiten auch mitbringen und im Kursraum aufhängen, wenn sie möchten.		

Ich kann jetzt ...

SOZIALFORM	ABLAUF	MATERIAL	ZEIT
Einzelarbeit	Die TN markieren, was auf sie zutrifft.		

AUSSPRACHE: *U – Ü – I* (Arbeitsbuch → AB 24)

1 Wortpaare *u – ü*

SOZIALFORM	ABLAUF	MATERIAL	ZEIT
Plenum	a) Die TN hören die Wortpaare und ergänzen das zweite Wort. b) Die TN hören noch einmal oder sprechen gleich die Paare.	3 🔊 12	

2 *i* oder *ü*?

SOZIALFORM	ABLAUF	MATERIAL	ZEIT
Einzelarbeit Plenum	a) Die TN hören zu und markieren, welches Wort sie hören. Kontrolle im Plenum. **VERTIEFUNG:** Benutzen Sie die Methode des **Echo-Sprechens (Glossar → S. 164)**. Eine/r sagt ein Wort ein paar Mal vor, die anderen sprechen nach.	3 🔊 13	
Einzelarbeit Partnerarbeit	b) Die TN schreiben mit den Wörtern aus a) Sätze und geben sie weiter an die Lernpartnerin / den Lernpartner. Diese / dieser liest vor.	Zettel	
Plenum	**TIPP:** Das Vorlesen solcher Sätze ist doppelt schwer. Die TN müssen die Schrift der anderen entziffern und die richtige Aussprache üben. Damit eine entspannte, lockere und sogar lustige Atmosphäre herrscht, die man für solche Übungen braucht, können Sie vorher mit den TN Zungengymnastik machen, also zum Beispiel die Zunge zur Nase führen, weit herausstrecken, drehen, an den Gaumen führen, zusammenrollen etc.		

3 Zungenbrecher

SOZIALFORM	ABLAUF	MATERIAL	ZEIT
Gruppenarbeit	Die TN hören die Zungenbrecher und sprechen sie nach. Im Hörtext werden die Zungenbrecher viermal mit steigendem Sprechtempo gehört. Dies kann für die Teilnehmer Ermunterung sein, selbst ihr Sprechtempo zu erhöhen. Fordern Sie die TN auf, einen Wettbewerb daraus zu machen. Wer kann welchen Zungenbrecher am längsten / am schnellsten fehlerlos sprechen?	3 🔊 14	

4 Selbstkontrolle

SOZIALFORM	ABLAUF	MATERIAL	ZEIT
Einzelarbeit Gruppenarbeit	Die TN hören die Sätze und sprechen sie nach. Dann nehmen sie sich auf und kontrollieren ihre Aussprache. Es können auch eigene Sätze mit *u*-*ü*-*i*-Lauten gebildet werden. **TIPP:** Diese Aufgabe ist sehr effektiv, weil sich die TN durch das Anhören ihrer Aufnahme viel besser hören können, als wenn sie nur nachsprechen. Wenn sie nur mit einem Aufnahmegerät aufnehmen, kann das sehr lange dauern. Fordern Sie die TN deshalb auf, die Aufnahme mit ihrem Handy durchzuführen. Jede/r hört sich selbst das Gesprochene an. Was ist anders als im Original? Die TN sprechen darüber in ihren Gruppen.	3 🔊 15 Aufnahmegerät / Smartphone	

LERNWORTSCHATZ (Arbeitsbuch → AB 25)

SOZIALFORM	ABLAUF	MATERIAL	ZEIT
Plenum	**Lernstrategie Tipp 2:** Schlagen Sie den TN vor, sich ein paar Stellen zu Hause zu überlegen, an denen sie oft vorbeikommen und ungestört Zettel aufhängen können (Kühlschrank, Geschirrspüler, Spiegel, Toilette etc.). Die TN kleben an diese Orte Zettel mit Präpositionen. Immer, wenn sie ein neues Verb mit einer bestimmten Präposition gelernt haben, kleben sie es dazu. So kann der Kühlschrank zum Beispiel für alle Verben mit *auf* reserviert sein, hier hängen dann *warten, stehen* etc.	Zettel	

LEKTIONSTEST 2 (Arbeitsbuch → AB 26)

SOZIALFORM	ABLAUF	MATERIAL	ZEIT
Einzelarbeit	Mithilfe des Lektionstests haben die TN die Möglichkeit, ihr neues Wissen in den Bereichen Wortschatz, Grammatik und Redemittel zu überprüfen. Wenn die TN mit einzelnen Bereichen noch Schwierigkeiten haben, können sie gezielt noch einmal einzelne Aspekte wiederholen.		

REFLEXION DER LEKTION

SOZIALFORM	ABLAUF	MATERIAL	ZEIT
Plenum	Die TN halten eine **flammende Rede (Glossar → S. 165)** zum Thema der Stunde bzw. der letzten Stunden, zum Beispiel *Wie war es, eine Präsentation vorzubereiten, über Feste zu sprechen, ...?* Jede/r in der Runde erhält nacheinander ein Streichholz, zündet es an und darf nur sprechen, bis es abgebrannt ist. Dann ist die/der Nächste an der Reihe. Dabei lernen die TN, schneller auf den Punkt zu kommen.	Streichholz, Teller	

Situationstext

SOZIALFORM	ABLAUF	MATERIAL	ZEIT
Plenum	Die Seiten EXTRA BERUF behandeln auf vier Seiten ein berufliches Thema. Am Anfang jedes EXTRA BERUF wird ein Protagonist vorgestellt, dessen Werdegang die TN auf den folgenden Seiten begleiten. Die Checkliste zeigt die einzelnen Schritte, die der Protagonist durchläuft. Anhand dessen kann die Erwartungshaltung der TN besprochen werden. Die TN lesen den Situationstext und die Checkliste zur Berufsberatung. Alternative Herangehensweise: Bei geschlossenen Büchern an der Tafel sammeln lassen, welche Schritte für das Thema infrage kommen könnten.		

1 Sich auf ein Beratungsgespräch vorbereiten

Sozialform	Ablauf	Material	Zeit
Einzelarbeit Plenum	a) Die TN ordnen die Begriffe zu den Punkten im Formular zu. Kontrolle im Plenum. *Lösung:* Nachweis der *Deutschkenntnisse* *Bisherige berufliche Erfahrungen (Arbeitszeugnisse)* Kurzbeschreibung: Eigene *Interessen und Stärken* Informationen *über meinen Berufswunsch* *Alternativen zu meinem Berufswunsch* *Finanzielle Unterstützung* in der Ausbildung Hilfe bei der *Ausbildungsplatzsuche*		
Einzelarbeit	Die TN lesen in *Wussten Sie schon?* den Text zum Thema Berufsberatung. In Deutschland, Österreich und der Schweiz gibt es zusätzlich sogenannte Berufsinformationszentren (BIZ), wo Jugendliche und junge Erwachsene sich über Berufe, Beschäftigungsmöglichkeiten sowie Ausbildungs- und Weiterbildungsmöglichkeiten informieren und beraten lassen können.		
Plenum	b) Die TN benennen die einzelnen Aspekte, die Ivanka angekreuzt hat und klären Verständnisprobleme im Plenum.		
Partnerarbeit	c) Die TN lesen kreuzen rechts neben dem Formular die für sie selbst wichtigen Punkte an. Danach vergleichen sie ihre Ergebnisse mit der Lernpartnerin / dem Lernpartner.		
Partnerarbeit Plenum	d) Die TN formulieren in Partnerarbeit Fragen, die sie in der Berufsberatung stellen würden. Anschließend werden im Plenum die Fragen verglichen.		

2 Einen Lebenslauf entwerfen

SOZIALFORM	ABLAUF	MATERIAL	ZEIT
Partnerarbeit	a) Die TN lesen den Lebenslauf und die Stichpunkte. Danach besprechen sie mit ihrer Lernpartnerin / ihrem Lernpartner, welche Angaben wo im Lebenslauf vorhanden sind.		
Partnerarbeit	b) Die TN machen Vorschläge, wie man den Lebenslauf noch verbessern könnte. Sammeln Sie Stichpunkte an der Tafel.		

Einzelarbeit Plenum	Die TN lesen zuerst den Lerntipp zur Erstellung eines informativen Lebenslaufes. Besprechen Sie unbekannte Wörter im Plenum. c) Die TN erstellen anhand der vorgegebene Struktur ihren eigenen Lebenslauf; auch als Hausaufgabe geeignet. Besprechen Sie außer dem Inhalt auch die Form eines Lebenslaufs. Lebensläufe sind üblicherweise mit PC geschrieben, nicht handschriftlich, und in tabellarischer Form, d. h. kein Fließtext. Am Schluss sollten immer Ort und (aktuelles) Datum stehen. Ein Lebenslauf muss unterschrieben werden. Üblicherweise fügt man dem Lebenslauf ein Passfoto zu. Bringen Sie Beispiele aus Bewerbungstrainingsbüchern oder Webseiten mit, sogenannte Musterlebensläufe.		
Gruppenarbeit	d) Teilen Sie den Kurs in Dreiergruppen auf. Die TN tauschen untereinander ihre Lebensläufe aus und stellen sich gegenseitig Fragen zum Lebenslauf ihrer Lernpartner.		
Partnerarbeit Plenum	e) Die TN sehen sich den Lebenslauf im Kursbuch und ihren eigenen Lebenslauf erneut an und überlegen sich einzelne Punkte, die man noch verbessern könnte. Anschließend werden die Ergebnisse im Kurs präsentiert und diskutiert.		

3 Ein Beratungsgespräch führen

SOZIALFORM	ABLAUF	MATERIAL	ZEIT
Einzelarbeit Plenum	a) Globalverstehen: Die TN lesen zuerst die Stichworte und besprechen unbekannte Wörter im Plenum. Danach hören sie den Dialog und nummerieren die Reihenfolge. Kontrolle im Plenum. *Lösung: Checkliste, Deutschkenntnisse, Arbeitszeugnis, Wunschberuf, Ausbildungsmöglichkeiten, Lebenslauf*	1 🔊 8–10	
Einzelarbeit Plenum	b) Die TN lesen die Sätze 1 bis 3 und die möglichen Antworten. Danach hören die TN hören den ersten Abschnitt des Dialogs erneut und markieren die richtigen Antworten. Kontrolle im Plenum. *Lösung:* *1 ... hat die Checkliste ausgefüllt dabei.* *2 ... ein Arbeitszeugnis fehlt.* *3 ... wird die Tätigkeit des Mitarbeiters beschrieben.*	1 🔊 8	
Einzelarbeit Plenum	c) Die TN lesen die vier Sätze und überlegen, welche Sätze richtig sind. Lassen Sie die Vermutungen auch begründen. Anschließend hören die TN den zweiten Abschnitt des Dialogs erneut und markieren die richtigen Antworten. Kontrolle im Plenum. *Lösung: 2 und 3 sind richtig.*	1 🔊 9	
Einzelarbeit Plenum	d) Die TN hören den dritten Abschnitt des Dialogs erneut und unterstreichen die richtigen Antworten. Kontrolle im Plenum. *Lösung: 1 aussagekräftig, 2 das Niveau, 3 auch*	1 🔊 10	

Plenum Partner- arbeit Plenum	Die TN lesen in *Wussten Sie schon?* den Text über die duale Ausbildung. Das duale System mit betrieblicher Ausbildung und Berufsschule ist typisch für den deutschsprachigen Raum. Fragen Sie die TN, wie man in ihren Herkunftsländern z. B. in Handwerksberufen ausgebildet wird. Findet die Ausbildung nur in einem Betrieb statt oder ist es eher eine schulische Ausbildung? Lesen Sie den Tipp zur Landeskunde und besprechen Sie unbekannte Wörter im Plenum, z. B. „Berufsschule". e) Die TN überlegen sich, wie ein Beratungsgespräch in ihrem Beruf ablaufen könnte und welche Fragen der Berufsberater stellen würde. Diese Fragen werden notiert und an den Lernpartner / die Lernpartnerin weitergegeben. Anschließend spielen die TN zu zweit ein kurzes Gespräch. Dabei übernimmt ein TN die Rolle des Berufsberaters. Später werden die Rollen getauscht. Am Ende spielen die Paare ihre Gespräche im Kurs kurz vor.		

4 Ein Bewerbungsschreiben entwerfen

SOZIALFORM	ABLAUF	MATERIAL	ZEIT
Einzelarbeit Plenum Plenum	a) Die TN lesen zuerst die Stichworte und besprechen Sie unbekannte Wörter im Plenum. Danach lesen sie das Anschreiben und ordnen die Begriffe zu; auch als Hausaufgabe geeignet. Alternativ: Die TN versuchen die Bedeutung unbekannter Begriffe anhand des Beispiels herauszufinden. Stellen Sie am Ende im Plenum sicher, dass die Bedeutungen der Wörter wirklich allen klar geworden sind. Kontrolle im Plenum. *Lösung: der Absender, der Ort / das Datum, der Adressat, die Betreffzeile, die Anrede, der Einleitungssatz, die bisherigen Tätigkeiten, die Lebenssituation, die Pläne / Absichten, der Schlusssatz, die Grußformel, die Unterschrift* Anschließend lesen die TN den Lerntipp. Besprechen Sie unbekannte Wörter im Plenum. Gehen Sie dabei auf den Aufbau ein: Ein Bewerbungsschreiben hat einen bestimmten Aufbau. Nach dem *Betreff* und der *Anrede* kommt zunächst eine *Einleitung*. Danach folgt ein Überblick über die *Fähigkeiten und Kenntnisse* und eventuell die Nennung der *Motivation*, sich auf diese Stelle zu bewerben. Vor der *Grußformel* steht immer ein *Schlusssatz*.		
Einzelarbeit	b) Die TN kreuzen die Antwort an, die ihrer Meinung nach richtig ist; auch als Hausaufgabe geeignet. Diskutieren Sie die Meinungen der TN im Plenum. *Lösung: sehr gut, alle, in der richtigen Länge, gut gelungen*		
Einzelarbeit	c) Die TN unterstreichen im Anschreiben die Ausdrücke und Textpassagen, die sie für ihr Anschreiben verwenden möchten. Sammeln Sie die Redemittel an der Tafel. Überlegen Sie gemeinsam mit den TN, wie man diese Redemittel noch umformulieren kann, sodass mehrere Redemittel zur Auswahl stehen.		
Einzelarbeit	d) Die TN lesen zunächst erneut die Tipps zur Erstellung eines guten Anschreibens oben auf der Seite. Danach suchen sie aus Zeitungen oder in Internetportalen eine Anzeige und erstellen ein persönliches Anschreiben; als Hausaufgabe geeignet.		

EINSTIEG

Vor dem Öffnen des Buches

SOZIALFORM	ABLAUF	MATERIAL	ZEIT
Plenum Gruppen- arbeit	Wählen Sie drei Fragen, die Ihre TN zum Thema interessieren könnten. Recherchieren Sie die Antworten vorher im Internet. Schreiben Sie dann die Fragen an die Tafel, zum Beispiel: *Wo liegt der gefährlichste Flughafen der Welt? Welche Stadt ist die teuerste der Welt? Wohin reisen die Menschen im deutschsprachigen Raum im Sommer am liebsten?* Die TN versuchen in Gruppen, die Fragen zu lösen. Kontrolle im Plenum.	Spannende Fragen zum Thema aus dem Internet	
Plenum	**AB 27/Ü1** Wortschatzwiederholung zum Thema „Reisen". Die TN lösen die Übung als Vorentlastung. Hier können die Artikel und Pluralformen gleich mit geübt werden zum Beispiel mit **Artikelgymnastik (Glossar → S. 164).**		

1 Günstig unterwegs sein

SOZIALFORM	ABLAUF	MATERIAL	ZEIT
Plenum	a) Die TN sehen sich das Foto an. Sammeln Sie die Vermutungen der TN an der Tafel. **TIPP:** Arbeiten Sie wieder mit dem **Fehlerteufel (Glossar → S. 165).**		
Einzelarbeit	b) Die TN hören den Anfang des Gesprächs und ordnen die Satzteile zu. *Lösung: Der Mann bietet der Familie an, sie mit seinem Auto nach Hause zu fahren. Dafür möchte er das Geld für eine Fahrkarte zum Flughafen. Die Familie versteht nicht, warum er eine Fahrkarte braucht.*	1 🔈 11	
Plenum Partnerarbeit	c) Die TN sammeln ihre Vermutungen, wie das Gespräch weitergehen könnte, und hören dann das Ende des Gesprächs zum Vergleich. Je nach Intensität und Zeit kann diese Übung entweder im Plenum an der Tafel oder in Partnerarbeit gelöst werden.	1 🔈 12	

HÖREN

1 Vermutungen

SOZIALFORM	ABLAUF	MATERIAL	ZEIT
Plenum	Klären Sie zunächst die Bedeutung der Wörter *vermutlich* und *wohl*. Schreiben Sie dazu Beispielsätze an die Tafel. **TIPP:** In Wörterbüchern findet man oft nur „gut" als Übersetzung von *wohl*. Weisen Sie hier darauf hin, dass es die gleiche Bedeutung wie *wahrscheinlich* und *vermutlich* hat. Stellen Sie die Fragen einzeln im Plenum und notieren Sie mögliche Lösungen an der Tafel. Fordern Sie die TN auf, bei ihren Antworten die angeführten Redemittel zu benutzen.		

2 Vermutungen formulieren

SOZIALFORM	ABLAUF	MATERIAL	ZEIT
Einzelarbeit	a) Die TN markieren die richtigen Formen. *Lösung: Adverbien wie wohl, vielleicht, vermutlich oder wahrscheinlich; werden + wohl, vielleicht, … + Infinitiv*		
Partnerarbeit Plenum	b) Fordern Sie die TN auf, zunächst zu zweit über die Bedeutung der Adverbien zu sprechen und sie in die Tabelle einzuordnen. Bei der Kontrolle im Plenum sollten Sie noch einmal verschiedene Beispielsätze anbieten, damit die Unterscheidung deutlich wird. Weisen Sie auch auf die Grammatikübersicht im Kursbuch (→ KB 36/1) hin: Der Mann hat vermutlich kein Ticket. Ich weiß es aber nicht genau. Der Mann hat bestimmt kein Ticket. Ich bin mir ziemlich sicher, dass er kein Ticket hat. *Lösung:* vielleicht: *vermutlich, eventuell;* ziemlich sicher: *bestimmt, wahrscheinlich*		
Plenum Partnerarbeit Plenum	c) Weisen Sie die TN noch einmal darauf hin, dass man Vermutungen mithilfe der Adverbien mit oder ohne *werden + Infinitiv* formulieren kann. Schreiben Sie zur Verdeutlichung einige Beispielsätze an die Tafel. Die TN schreiben zu zweit Sätze über ihre Zukunft. Helfen Sie bei Schwierigkeiten. Wer möchte, kann anschließend einige seiner Sätze laut vorlesen.		
Einzelarbeit	**AB 27/Ü2** Grammatikübung zu Vermutungen ohne *werden* + Infinitiv, aber mit *wohl, vielleicht, …*; auch als Hausaufgabe geeignet.		
Einzelarbeit	**AB 27/Ü3** Grammatikübung zu Vermutungen mit *werden + wohl, vielleicht, …* + Infinitiv; auch als Hausaufgabe geeignet.		

3 Die Fahrkarte, bitte!

SOZIALFORM	ABLAUF	MATERIAL	ZEIT
Plenum	Spielen Sie das Gespräch vor. Fragen Sie dann, ob die Vermutungen der TN aus Aufgabe 1 gestimmt haben. Kontrollieren Sie ggf. mit den Notizen aus 1 an der Tafel.	1 🔊 13	
Einzelarbeit	Die TN beantworten die Fragen. Spielen Sie dazu bei Bedarf das Gespräch noch einmal vor. Kontrolle im Plenum. *Lösung: 2 Weil sie wegfliegen; 3 verkaufen 4 Seine Rente ist nicht so hoch; 5 Es ist nicht in Ordnung, dass jemand etwas weiterverkauft, was ein anderer bezahlt hat.*		

4 Ihre Meinung

SOZIALFORM	ABLAUF	MATERIAL	ZEIT
Plenum	Die TN diskutieren anhand der Fragen über die beiden Situationen am Flughafen. Weitere mögliche Fragestellungen: *Hat Sie schon mal jemand am Bahnhof / Flughafen angesprochen? Wenn ja, warum?* **INTERKULTURELLES:** Stellen Sie den TN weitere Fragen, wie zum Beispiel: *Wären diese Situationen in Ihrer Heimat auch möglich? Fahren dort fremde Leute zusammen mit dem Auto? Kann man sich ein Ticket teilen?*		

	LANDESKUNDE 1: Zug- oder Busverbindungen zwischen Innenstadt und Flughafen sind meist um ein Vielfaches teurer als andere Verbindungen gleicher Entfernung. Deshalb lohnt sich der Blick zum Beispiel auf taxirechner.de. Bei Bedarf klären Sie die Abkürzungen: ICE = Intercityexpress: Der ICE verkehrt zwischen den großen Städten, hält selten und kostet einen Zuschlag; EC = Eurocity: Reisezug im internationalen Fernverkehr in Europa, der nur in wichtigen Städten hält. **LANDESKUNDE 2:** „Schwarzfahren", d. h. fahren ohne gültige Fahrkarte, ist teuer, wenn man kontrolliert wird. Wenn es wiederholt passiert, erstatten die Verkehrsbetriebe Anzeige bei der Polizei. Man darf die öffentlichen Verkehrsmittel dann nicht mehr benutzen und ist vorbestraft.		

Ich kann jetzt ...

SOZIALFORM	ABLAUF	MATERIAL	ZEIT
Einzelarbeit	Die TN markieren, was auf sie zutrifft.		
Einzelarbeit	**VERTIEFUNG:** Jede/r TN schreibt zwei Satzanfänge einzeln auf Kärtchen, wie man Vermutungen formulieren kann. Die Satzanfänge (doppelte vorher aussortieren) kommen in die **Wiederholungskiste (Glossar → S. 168)** zum Thema „Vermutungen". Jede/r TN zieht ein Kärtchen und beendet den Satz. Diese Übung kann auch zu einem späteren Zeitpunkt wiederholt werden.	Kärtchen, Briefumschläge, Wiederholungskiste	

WORTSCHATZ

1 Wo ist bloß ...?

SOZIALFORM	ABLAUF	MATERIAL	ZEIT
Partnerarbeit	a) Die Bücher bleiben noch geschlossen. Spielen Sie den Anfang des Gesprächs vor. Fragen Sie, warum die Frau so nervös ist. *Lösung: Sie muss bald eine Freundin am Bahnhof abholen, aber sie findet ihren Autoschlüssel nicht.* **VERTIEFUNG:** Die TN können dann in **Murmelgruppen (Glossar → S. 167)** Geschichten erzählen, wie sie einmal selbst verzweifelt ihren Schlüssel / ihre Mütze / ihre Brille etc. gesucht haben, und wo diese Dinge am Ende lagen.	1 🔊 14	
Einzelarbeit Plenum	b) Die TN schlagen nun das Buch auf, hören das Gespräch noch einmal und ergänzen die Verben mit Vorsilben. Kontrolle im Plenum. *Lösung: hingelegt, kommt ... an, losfahren, komm ... her, Schau ... raus*	1 🔊 15	
Gruppenarbeit	c) Lassen Sie die TN zu dritt in zwei Minuten so viele Ideen wie möglich sammeln, was der Mann entdeckt haben könnte. Das Team mit den meisten Ideen am Ende hat gewonnen. Jedes Team wählt dann die Vermutung aus, die es für die wahrscheinlichste hält.		
Plenum	d) Spielen Sie das Ende des Gesprächs vor. Wie viele Teams hatten die richtige Vermutung? *Lösung: Der Schlüssel steckt in der Autotür.*	1 🔊 16	

2 Verben der Bewegung

SOZIALFORM	ABLAUF	MATERIAL	ZEIT
Plenum Partnerarbeit	Sollten die TN Schwierigkeiten bei Aufgabe 1 gehabt haben, sollten noch einmal die trennbaren Verben visualisiert und geübt werden. Visualisieren kann man sie sehr gut, indem man ein trennbares Verb auf ein Kärtchen schreibt und es dann demonstrativ mit einer Schere hinter der Vorsilbe zerschneidet. Danach kann man immer mit der Hand die Schere andeuten, wenn die TN im freien Sprechen die trennbaren Verben falsch benutzen. **VERTIEFUNG:** Wenn Sie etwas mehr Bewegung in Ihren Unterricht bringen wollen, können Sie mit der Kopiervorlage Lektion 3/1 arbeiten. Hier werden Verben und Vorsilben mit vorher definierten Bewegungen verknüpft, d. h. immer, wenn ein Verb genannt wird, sollen die TN eine bestimmte Bewegung dazu ausführen, zum Beispiel sagt TN1 „fahren" und TN2 streckt das rechte Bein vor. Die TN gehen paarweise zusammen und bekommen eine Kopie der Kopiervorlage Lektion 3/1. Sie üben die Verknüpfung von Verben, Vorsilben und Bewegungen. **TIPP:** Diese Konzentrationsübung hilft den TN, sich die trennbaren Verben besser merken zu können. Zudem steigert sie die Leistungsfähigkeit des Gehirns generell. Bei regelmäßiger Anwendung solcher Übungen, die mehrere Gehirnareale beanspruchen, ist der Lerneffekt um ein Vielfaches größer als bei Übungen, die „nur" ein oder zwei Gehirnareale beanspruchen wie beim Schreiben oder Lesen. Führen Sie diese Übung zunächst am besten einmal im Plenum durch, um den TN die Sicherheit zu geben, dass sie sie richtig verstanden haben. Bei der Übung ist es wichtig, locker zu lassen und Spaß zu haben. Es soll nicht darum gehen, perfekte Bewegungen durchzuführen.	Kärtchen Schere Kopiervorlage Lektion 3/1	
Partnerarbeit Plenum	a) Die TN schreiben in Partnerarbeit die Vorsilben und Verben getrennt auf Kärtchen. Fragen Sie die TN, mit welchen Verben man besonders viele neue Wörter bilden kann. Die TN legen Verben der Bewegung, die sie kennen. Sie schreiben die Verben auf und legen neue. Kontrolle im Plenum. **VERTIEFUNG:** Die Aufgabe kann auch als Wettbewerb durchgeführt werden. Wer findet in zwei Minuten die meisten richtigen Verben? Sicher werden die TN die Verben bilden, die sie auf ihrer Niveaustufe kennen. Besprechen Sie Zweifelsfälle danach im Plenum. *Lösung:* fahren: *alle Vorsilben passen;* kommen *und* gehen: *alle Vorsilben außer* ver-; reisen: *ab-, an-, verreisen;* holen: *ab-, wegholen;* bringen: *wegbringen*	Kärtchen	
Einzelarbeit	b) Die TN markieren jeweils das richtige Wort. **TIPP:** Die Unterscheidung von *losgehen* und *weggehen* kann für die TN schwierig sein. Erklären Sie den TN, dass „los-" einen zeitlichen Aspekt hat und oft mit der Uhrzeit benutzt wird: *Ich fahre um 7:00 Uhr los.* *Lösung: 2 losgehen, 3 wegbringen, 4 verreisen*		
Einzelarbeit	**AB 28/Ü4–5** (Hör-)Einsetzübungen zu den Vorsilben.	3 🔊 16	

Einzelarbeit Plenum	c) Die TN notieren die für sie besonders wichtigen Kombinationen. Dann schreiben sie Sätze oder überlegen sich Fragen zu diesen Verben. Arbeiten Sie mit der **Ballmethode (Glossar → S. 164):** zum Beispiel *Gehst du gern am Samstag raus? – Ja, aber ich gehe nur raus, wenn das Wetter schön ist.* **TIPP:** Aus den Vorsilben *hinein-/herein-, hinaus-/heraus-, hinunter-/herunter-,* ... haben sich in der gesprochenen Sprache die Kurzformen *rein-, raus-, runter-,* ... entwickelt. In der deutschsprachigen Schweiz werden die Vorsilben *hinein-/herein-* etc. üblicherweise komplett benutzt.	Ball	
Einzelarbeit	**AB 28/Ü6** Einsetzübung zu den Verben der Bewegung mit *rein-, raus-, runter-,* ...; auch als Hausaufgabe geeignet.		

3 Unsere Fahrt nach ...

SOZIALFORM	ABLAUF	MATERIAL	ZEIT
Gruppen-arbeit Plenum	Stellen Sie Gruppen von vier TN zusammen, zum Beispiel mit der **Vier Ecken-Methode (Glossar → S. 168).** Geben Sie in den Ecken Themen vor, zum Beispiel „Unsere Fahrt nach ...“, „Freitag, der 13.“, „Meine Schwiegermutter kommt“, „Zug verpasst!“. Die TN wählen ein Thema und gehen in die jeweilige Ecke. Fordern Sie einen TN in jeder Gruppe auf, noch einmal die Aufgabenstellung vorzulesen, damit der Auftrag hundertprozentig klar ist. Die Lernpartner sollen zwar abwechselnd schreiben, aber gemeinsam überlegen. Jede Gruppe kann dann ihre Geschichte im Plenum vorlesen.	vier Zettel	

Ich kann jetzt ...

SOZIALFORM	ABLAUF	MATERIAL	ZEIT
Einzelarbeit	Die TN markieren, was auf sie zutrifft.		
Plenum	**VERTIEFUNG:** Schreiben Sie Vorsilben und Verben in zwei Farben auf Kärtchen oder lassen Sie sie die TN schreiben und legen Sie sie auf den Boden. Ein/e TN zieht von jeder Farbe ein Kärtchen und überlegt, ob sie zusammenpassen (zum Beispiel *rein + kommen*). Der Kurs hilft. Schwierige Kärtchen bleiben zunächst auf dem Boden, leichte kommen in die **Wiederholungskiste (Glossar → S. 168).** Diese Übung kann auch zu einem späteren Zeitpunkt wiederholt werden. **TIPP:** Im Arbeitsbuch (→ AB 66) wird in Lektion 5 auf die Aussprache der trennbaren und untrennbaren Verben eingegangen.	Kärtchen, Briefumschläge, Wiederholungskiste	

LESEN 1

1 In der Stadt unterwegs

SOZIALFORM	ABLAUF	MATERIAL	ZEIT
Einzelarbeit	a) Die TN bilden mithilfe des Schüttelkastens Adjektive und notieren diese. *Lösung: individuell, umweltfreundlich, einfach, bequem, praktisch, vernetzt*		
Partnerarbeit Plenum	b) Die TN überlegen zu zweit, was ihnen im Stadtverkehr wichtig ist und verwenden die in 1a gebildeten Adjektive. Die Paare lesen einen Satz vor und achten auf eine sinnvolle Intonation. Das Paar rechts daneben liest seinen Satz mit dem gleichen Adjektiv vor. Dann ist wiederum das Paar rechts dran. Auf diese Weise prägen sich die Adjektive durch zahlreiche Beispielsätze ein.		

2 *Leipzig mobil – Intelligent. Integriert. Umweltfreundlich.*

SOZIALFORM	ABLAUF	MATERIAL	ZEIT
Plenum	a) Die TN äußern ihre Vermutungen. Sammeln Sie die Ideen an der Tafel.		
Einzelarbeit Plenum	b) Fordern Sie die TN auf, den Text zu lesen und die Überschriften den Abschnitten zuzuordnen. Kontrolle im Plenum. Machen Sie den TN den Sinn von Lesaufgaben dieser Art bewusst: Es geht darum, die Struktur und die gruppierten Inhalte eines Textes zu erfassen, bevor man sich auf das Verstehen von Details konzentriert. Lassen Sie die TN den Text noch einmal lesen und ermuntern Sie dazu, Verständnisfragen zu stellen. *Lösung: 1 Was heißt integrierte Mobilität überhaupt? 2 Was bieten Ihnen die Leipziger Verkehrsbetriebe mit Leipzig mobil? 3 Wann ist „Leipzig mobil“ das perfekte Angebot?*		
Einzelarbeit	**AB 29/Ü7** Landeskundlicher Lesetext über Verkehrsmittelnutzung in Großstädten in Deutschland, Österreich und der Schweiz.		

3 Relativsätze

SOZIALFORM	ABLAUF	MATERIAL	ZEIT
Einzelarbeit	a) Die TN suchen im Text die Satzteile und ergänzen die Tabelle. *Lösung: 1 ... , das am besten zu Ihren individuellen Bedürfnissen passt. 2 ..., über die Sie alle wichtigen Informationen erhalten. 3 ..., an denen Sie Mietautos und Mitfahrräder bekommen. 4 Es bietet im öffentlichen Nahverkehr alles, ...* Fordern Sie die TN auf, sich die Struktur der Sätze genau anzusehen und fragen Sie sie als Wiederholung, wozu man Relativsätze benutzt. Weisen Sie auch auf die Grammatikübersicht im Kursbuch (→ KB 36/2) hin.		
Einzelarbeit Plenum	b) Die TN verbinden die beiden Sätze durch einen Relativsatz. Kontrolle im Plenum. *Lösung: 1 ..., die man kombiniert nutzen kann. 2 ..., den ich mit dem Leihfahrrad erreiche. 3 ..., mit der er alle Verkehrsmittel nutzen kann. 4 ..., was ich nicht wusste.*		
Einzelarbeit	**AB 30/Ü8** Wiederholungsaufgabe zu den Relativsätzen; auch als Hausaufgabe geeignet.		

Einzelarbeit	**AB 30/Ü9** Grammatik entdecken: Systematische Erarbeitung der Relativpronomen; auch als Hausaufgabe geeignet.		
Einzelarbeit	**AB 31/Ü10** Übung zu Relativpronomen in Verbindung mit Verben mit Präposition; auch als Hausaufgabe geeignet.		
Einzelarbeit	**AB 31/Ü11–12** Übungen zu Relativpronomen mit und ohne Präpositionen; auch als Hausaufgabe geeignet.		
Einzelarbeit	**AB 32/Ü13–14** Übungen zu den weiteren Relativpronomen *wo* und *was*; auch als Hausaufgabe geeignet.		
Einzelarbeit	**AB 32/Ü15** Übung zum Relativpronomen *was* mit Bezug auf den ganzen Satz.		

4 Verkehrsmittel der Zukunft

SOZIALFORM	ABLAUF	MATERIAL	ZEIT
Einzelarbeit	a)–b) Die TN ordnen die Begriffe den Zeichnungen zu. *Lösung a): die Handy-App, der Elektrobus, das Mietauto, die Leihfahrradstation* Anschließend beschreiben die TN die Funktionsweise mithilfe eines Relativsatzes. Geben Sie dazu bei Bedarf Hilfestellungen: Was sind die wichtigsten Funktionen? Mit welchen lässt sich für jemanden am einfachsten / besten erklären, um was es geht? *Beispiellösung: Das ist der Elektrobus, der ausschließlich mit Strom fährt. / Das ist das Mietauto, mit dem ich günstig und an den See fahren kann. / Das ist die Leihfahrradstation, die an vielen Stellen in der Stadt Fahrräder zum Ausleihen bietet.*		

Ich kann jetzt ...

SOZIALFORM	ABLAUF	MATERIAL	ZEIT
Einzelarbeit	Die TN markieren, was auf sie zutrifft.		

SPRECHEN

1 Vorschläge machen

SOZIALFORM	ABLAUF	MATERIAL	ZEIT
Einzelarbeit	a) Die TN sehen die Bilder an und ordnen die Titel den Bildern zu. *Lösung: A3, B2, C1*	Reisebilder aus Zeitschriften / dem Internet	
Partnerarbeit	Jede/r TN wählt ein Bild, beschreibt es der Lernpartnerin / dem Lernpartner und äußert gleichzeitig Vermutungen, worum es gehen könnte. Alternativ können Sie auch andere Reisebilder aus Zeitschriften oder dem Internet mitbringen und die Übung durchführen.		

Plenum Einzelarbeit Partnerarbeit Plenum	b) Vor dem Öffnen des Buches: Schneiden Sie die Redemittel auf der Kopiervorlage Lektion 3/2 einmal einzeln als Kärtchen aus. Jede/r zweite TN zieht ein Kärtchen. Alle laufen durch den Kursraum. Die TN mit Redemitteln sprechen die ganze Zeit ihren Satz, die TN ohne gehen von „Redemittel" zu „Redemittel" und wählen, nachdem sie alle gehört haben, eins aus und sprechen mit der Sprecherin / dem Sprecher das Redemittel mit. Welches Redemittel wurde am meisten gewählt? Danach werden die Redemittel im Buch gelesen und zugeordnet. Alternative: Je zwei TN bekommen die Kärtchen der Kopiervorlage und sortieren sie den drei Kategorien im Buch zu. Kontrolle im Plenum. *Lösung:* jemandem etwas vorschlagen: *Wie wäre es, wenn wir ...?, Ich schlage vor, wir ...;* Rückfragen zu einem Vorschlag stellen: *Meinst du nicht, wir sollten ...?, Ich hätte noch eine Frage: ...?* Einverstanden sein oder etwas ablehnen: *Warum eigentlich nicht? Das ist mir, ehrlich gesagt, nicht so recht.*	Kopiervorlage Lektion 3/2	
Plenum Partnerarbeit Plenum	c)+d) Klären Sie zunächst den unbekannten Wortschatz. Dann wählen die TN zu zweit eine Situation aus und führen das Rollenspiel durch. Die TN sollten dabei so mit den Redemitteln arbeiten, wie es im Lerntipp „Redemittel benutzen" im Kursbuch (→ KB 31) angegeben ist. Kopieren Sie dazu die Kopiervorlage Lektion 3/2 so oft, dass Sie für jede Gruppe alle Redemittel einer Kopie als Kärtchen parat haben. **TIPP:** Beim Spielen der Gespräche gibt es immer Personen, die schneller fertig sind. Diese können dann das Gespräch auch aufschreiben – am besten mit der Vorgabe, mindestens drei Redemittel dabei zu benutzen – und im Plenum präsentieren. Lassen Sie nur die TN vorspielen, die es wollen.	Kopiervorlage Lektion 3/2	
Einzelarbeit	**AB 33/Ü16** (Hör-)Übung zur Festigung der Redemittel; auch als Hausaufgabe geeignet.	3 🔊 17	
Einzelarbeit	**AB 33/Ü17** Vertiefende Übung zu den Redemitteln; auch als Hausaufgabe geeignet.		

Ich kann jetzt ...

SOZIALFORM	ABLAUF	MATERIAL	ZEIT
Einzelarbeit	Die TN markieren, was auf sie zutrifft.		
Plenum	**VERTIEFUNG:** Heben Sie die Kärtchen mit den Redemitteln auf, sortieren Sie sie in die **Wiederholungskiste (Glossar → S. 168)** ein und üben Sie zu einem späteren Zeitpunkt noch einmal damit.	Kärtchen, Briefumschläge, Wiederholungskiste	

LESEN 2

1 Fahrzeuge der Zukunft

SOZIALFORM	ABLAUF	MATERIAL	ZEIT
Partnerarbeit	a) Die TN sprechen zu zweit über moderne und innovative Fahrzeuge und machen sich Notizen.		
Einzelarbeit Plenum	b) Die TN lesen zuerst die Punkte. Danach lesen sie den Text und kreuzen an, zu welchen Punkten sie im Text Informationen finden und in welcher Zeile die Information ist. Kontrolle im Plenum. *Lösung: Sinnlos verbrachte Zeit im Auto: 1–3, Unterschiedliche autonome Fahrzeuge: 9–13, Beispiele dafür, welche Arten von selbstfahrenden Autos es gibt: 13–16, Fahrer bei den meisten Autotypen noch wichtig: 21, Abnahme von Staus: 30, Verkauf selbstfahrender Autos wird zunehmen: 32, Roboter und Computer treffen nicht immer richtige Entscheidungen: 35–36.* **TIPP 1:** Sie können noch weitere Fragen zum Detailverstehen stellen, zum Beispiel: *Was sind die Vorteile von selbstfahrenden Fahrzeugen? Was können selbstfahrende Fahrzeuge noch nicht? Welche Probleme gibt es?* **TIPP 2:** Nach dem Lesen und Beantworten der Fragen im Plenum wäre ein **Lesen nach Zahlen (Glossar → S. 166)** möglich. Alle Zahlen aus einem Text werden herausgeschrieben. Dies kann entweder gemeinsam zum Bearbeiten an der Tafel erfolgen oder als Einzelübung über einen Eintrag im Heft. Die passenden Stichworte werden ergänzt.		

2 Vorhersagen

SOZIALFORM	ABLAUF	MATERIAL	ZEIT
Plenum	a) Die TN markieren die passende Form für Vorhersagen. *Lösung: mit werden + Infinitiv* Weisen Sie die TN auch auf die Grammatikübersicht im Kursbuch (→ KB 36/1) hin.		
Einzelarbeit	b) Je nach Kursniveau kann Aufgabe 2b schriftlich oder mündlich (unterstreichen und vorlesen) gelöst werden.		
Plenum	c) Die TN nennen ihre Vorhersagen zum Thema „selbstfahrende Autos". Korrigieren Sie dabei nur die Fehler für die Form *werden* + Infinitiv.		
Partnerarbeit	**VERTIEFUNG:** Lassen Sie die TN persönliche (nur positive!) Vorhersagen formulieren. Jede/r TN schreibt für eine/n andere/n TN auf, wie ihr/sein nächster Monat/nächstes Jahr verlaufen wird.		
Einzelarbeit	**AB 34–35/Ü18–22** Übungen zu weiteren modalen Funktionen von *werden* + Infinitiv: Vermutungen, Vorhersage, Pläne und Versprechen; auch als Hausaufgabe geeignet.		

3 Ihre Meinung

SOZIALFORM	ABLAUF	MATERIAL	ZEIT
Gruppen-arbeit	Teilen Sie den Kurs in Vierergruppen auf. In der Gruppe diskutieren die TN, wie sie zukünftig mobil unterwegs sein wollen. Sie äußern ihre persönliche Meinung über selbstfahrende Autos. **TIPP:** Zum Schluss können die Gruppen im Plenum eine Zusammenfassung der Meinungen präsentieren. An der Tafel kann eine Statistik angelegt werden, wie viele TN z. B. mit einem selbstfahrenden Auto fahren würden, wie viele nicht.		

Ich kann jetzt ...

SOZIALFORM	ABLAUF	MATERIAL	ZEIT
Einzelarbeit	Die TN markieren, was auf sie zutrifft.		
Plenum	Beenden Sie die Stunde, indem Sie nach der Wettervorhersage für den nächsten Tag fragen.		

SCHREIBEN

1 Gute Verbindung

SOZIALFORM	ABLAUF	MATERIAL	ZEIT
Partnerarbeit	Vor dem Öffnen des Buches: Bringen Sie Fotos aus Zeitschriften und Broschüren mit, wo verschiedene Verkehrsmittel (Fernbusse, Züge, Flugzeuge, Autos) abgebildet sind. Die TN sprechen zunächst darüber mit welchen Verkehrsmitteln sie in der Regel verreisen. Danach schauen sie sich das Foto in Aufgabe 1 an und sprechen über ihre Erfahrungen mit Fernbussen.	Fotos, Broschüren, Bilder von Verkehrs-mitteln	

2 Unterwegs mit „Dallibus"

SOZIALFORM	ABLAUF	MATERIAL	ZEIT
Plenum	a) Die TN lesen den Text und überlegen, was „Dallibus" von seinen Kunden möchte. Danach sprechen sie darüber, warum ein Reisender eine Bewertung abgeben sollte.		
Einzelarbeit Plenum	b) Die TN lesen die Bewertungen im Internetportal und füllen je nach Bewertung die Anzahl der Sterne aus. Kontrolle im Plenum. *Beispiellösung: 4 Sterne, 1 Stern, 2 oder 3 Sterne*		
Partnerarbeit	c) Die TN machen sich Notizen und diskutieren anschließend mit ihrer Partnerin / ihrem Partner, warum sie (nicht) mit „Dallibus" verreisen würden.		
Einzelarbeit	**AB 36/Ü23** Wortschatzübung, kann Aufgabe 2 vorgeschaltet werden.		
Plenum	Stellen Sie zusätzliche Fragen: *Welche kostengünstige Reisemöglichkeiten gibt es noch? Welche Vor- und Nachteile hat das Reisen mit Fernbussen / Zügen / Autos / Flugzeuge / ...*		

3 Ihre Bewertung

SOZIALFORM	ABLAUF	MATERIAL	ZEIT
Plenum	a) Besprechen Sie die Punkte kurz im Plenum. Sie können auch weitere Punkte an die Tafel schreiben, z. B. Buchungsoptionen (Internet / Reisebüro), Reisedauer, Erreichbarkeit der Abfahrtsorte, etc. Danach machen sich die TN Notizen zu den Punkten.		
Einzelarbeit	b) Mithilfe ihrer Notizen aus 3a erstellen die TN eine Kritik. Sammeln Sie die Kritiken ein und nehmen Sie diese als Anlass, eine Einheit mit Fehleranalyse in einer der nächsten Unterrichtsstunden durchzuführen.		
Partnerarbeit	c) Die TN lesen die Kritik ihrer Partnerin / ihres Partners und überlegen, wie viele Sterne sie / er vergeben hat.		
Einzelarbeit	**AB 36/Ü24** Vertiefende Übung zu den Redemitteln, Übung a) ist auch vor Verfassen der schriftlichen Kritik in Aufgabe 3b), Kursbuch, gut einsetzbar; Übung b) als Hausaufgabe geeignet.		

Ich kann jetzt ...

SOZIALFORM	ABLAUF	MATERIAL	ZEIT
Einzelarbeit	Die TN markieren, was auf sie zutrifft.		
Plenum	**VERTIEFUNG:** Fordern Sie die TN auf, ihre Meinung zum Unterricht zu sagen: Fragen Sie, was ihnen gut gefallen hat, was nicht so gut. Die TN benutzen dabei die Redemittel aus Aufgabe 3.		

SEHEN UND HÖREN

1 Anders reisen

SOZIALFORM	ABLAUF	MATERIAL	ZEIT
Einzelarbeit Plenum	a) Die TN ordnen die Fahrzeuge den Bildern zu. Kontrolle im Plenum. *Lösung: A der Ballon, B das Kajak, C die Fahrrad-Rikscha, D der Hundeschlitten, E das Raumschiff*		
Gruppenarbeit	b) Die TN sprechen in Gruppen über ihre Reisewünsche und erzählen auch, welche Reise sie vielleicht schon einmal unternommen haben. Gehen Sie herum und machen Sie sich zu Fehlern, die mit der Struktur von Wunschäußerungen zu tun haben, Notizen. Unterbrechen Sie die TN aber nicht in ihrem Redefluss. Danach können diese Fehler noch einmal durch das Nachsprechen der richtigen Form korrigiert werden.		
Einzelarbeit	**AB 37/Ü25** Übung zu den Präpositionen; auch als Hausaufgabe geeignet.		

2 Interview mit einem Weltreisenden

SOZIALFORM	ABLAUF	MATERIAL	ZEIT
Plenum	a) Die TN beschreiben mit den passenden Präpositionen, wie die Person gereist ist. *Lösung: A mit dem Hundeschlitten, B zu Fuß, C mit dem Fahrrad (+ Anhänger), D mit einem Kajak*		
Gruppenarbeit Plenum	b) Die TN sehen den Film ohne Ton an und machen sich zu den Fragen Notizen. Dann arbeiten sie nach dem **Schneeballprinzip (Glossar → S. 167).** Ein Paar vergleicht seine Ergebnisse mit einem zweiten, alle zusammen wiederum mit einem dritten. Jedes Mal wird neue Information ergänzt. Besprechen Sie die Ergebnisse dann im Plenum. **VERTIEFUNG:** Sammeln Sie, bevor Sie den Film mit Ton hören, mit den TN weitere Fragen an Thomas Bauer und versuchen Sie, Vermutungen zu den Fragen anzustellen. Die TN können die Redemittel „Vermutungen formulieren" im Kursbuch (→ KB 26) benutzen.	08	
Einzelarbeit Plenum	c) Erklären Sie kurz die Aufgabenstellung und zeigen Sie die Foto-Reportage nun mit Ton. Die TN markieren, ob die Aussagen richtig oder falsch sind. Kontrolle im Plenum. Überprüfen Sie dann, ob es zu den eigenen Fragen Antworten im Film gab und welche Vermutungen richtig waren. *Lösung: 1 richtig, 2 richtig, 3 falsch, 4 richtig, 5 falsch, 6 falsch, 7 richtig, 8 richtig, 9 falsch*	08	
Plenum	d) Die TN sprechen gemeinsam über mögliche Reisen mit Thomas Bauer. Sie können das Thema aber auch zum Anlass nehmen, generell über Reisen zu sprechen.		
Plenum	**VERTIEFUNG:** Erweitern Sie die Gruppenarbeit um zusätzliche Fragen: *Wie viel Geld hat Thomas Bauer wohl für seine Reisen jeweils gebraucht? Wie könnte Thomas Bauers Gepäck ausgesehen haben?* Wählen Sie eine Reise aus und machen Sie jeweils eine Liste.		
Einzelarbeit	**AB 37/Ü26** Vertiefende Hörübung zu dem Interview mit Thomas Bauer; auch als Hausaufgabe geeignet.	3 🔊 18	

Mein Dossier

SOZIALFORM	ABLAUF	MATERIAL	ZEIT
Einzelarbeit	**AB 37/Ü27** Die TN beschreiben einen Lieblingsgegenstand, den sie im Alltag oft brauchen; auch als Hausaufgabe geeignet.		

Ich kann jetzt ...

SOZIALFORM	ABLAUF	MATERIAL	ZEIT
Einzelarbeit	Die TN markieren, was auf sie zutrifft.		
Plenum	Beginnen Sie noch mal den Satz: *Ich würde gern mal mit ... nach ... reisen.* Dann sind die TN mithilfe der **Ballmethode (Glossar → S. 164)** an der Reihe.	Ball	

AUSSPRACHE: Die Wortpaare *tz – z* und *s – ss – ß* (Arbeitsbuch → AB 38)

1 Hören Sie die Sätze und sprechen Sie nach.

SOZIALFORM	ABLAUF	MATERIAL	ZEIT
Gruppenarbeit	Machen Sie aus dieser Übung einen Wettbewerb: Wer kann welchen Satz am häufigsten / am schnellsten fehlerfrei sprechen?	3 🔊 19	

2 Welches Wort hören Sie? Markieren Sie.

SOZIALFORM	ABLAUF	MATERIAL	ZEIT
Einzelarbeit Plenum	a)+b)+c) Die TN markieren, welches Wort sie hören. **TIPP:** Nach dem Ausfüllen können die TN die Wörter noch einmal nachsprechen. Geben Sie ihnen dabei den Tipp, ihren Zeigefinger und Daumen an die Kehle zu legen. Ziehen Sie zur Veranschaulichung auch einen Vergleich heran: Der S-Laut klingt wie das Summen einer Biene und das *z* wie das Zischeln einer Schlange.	3 🔊 20	

3 Diktat

SOZIALFORM	ABLAUF	MATERIAL	ZEIT
Gruppenarbeit	Die TN diktieren die Sätze ihrer Lernpartnerin / ihrem Lernpartner. **TIPP:** Die TN können auch aus der Lektion Wörter mit *s, ss, z, ß* heraussuchen und selbst Sätze schreiben, die sie diktieren.		

LERNWORTSCHATZ (Arbeitsbuch → AB 39)

SOZIALFORM	ABLAUF	MATERIAL	ZEIT
Einzelarbeit	**LERNSTRATEGIE-TIPP 3:** Reflektieren Sie mit Ihren TN das Wörterlernen. Erklären Sie, dass das Gehirn Überraschungen mag und die TN auch mal ungewöhnliche Lernorte oder -positionen ausprobieren sollen, zum Beispiel die „Lernwörter drehen" und „auf dem Kopf" lernen. Also lassen Sie sie das Lehrbuch drehen und die Lernwörter auf dem Kopf stehend vorlesen.		

LEKTIONSTEST 3 (Arbeitsbuch → AB 40)

SOZIALFORM	ABLAUF	MATERIAL	ZEIT
Einzelarbeit	Mithilfe des Lektionstests haben die TN die Möglichkeit, ihr neues Wissen in den Bereichen Wortschatz, Grammatik und Redemittel zu überprüfen. Wenn die TN mit einzelnen Bereichen noch Schwierigkeiten haben, können sie gezielt noch einmal einzelne Module wiederholen.		

REFLEXION DER LEKTION

SOZIALFORM	ABLAUF	MATERIAL	ZEIT
Plenum	Arbeiten Sie mit der **Strahlmethode (Glossar → S. 167).** Malen Sie einen Stern an die Tafel, der so viele Strahlen hat, wie es Themen zu beurteilen gibt. Ordnen Sie jedem Strahl ein Thema zu (s.u.) und bitten Sie die TN, die Themen zu beurteilen, zum Beispiel *Wie gut hat die Thematik den TN gefallen?* Die TN zeichnen nun zu jedem Thema einen Punkt ein. Je näher der Punkt an der Strahlenmitte steht, desto positiver ist die Bewertung. Sie können auch zwei Farben nutzen, zum Beispiel rot = Thematik war schwer/leicht; blau = Thematik hat mir gefallen. Natürlich können Sie auch ein anderes Bewertungskriterium, zum Beispiel in Anlehnung an *Ich kann jetzt ...,* nennen. 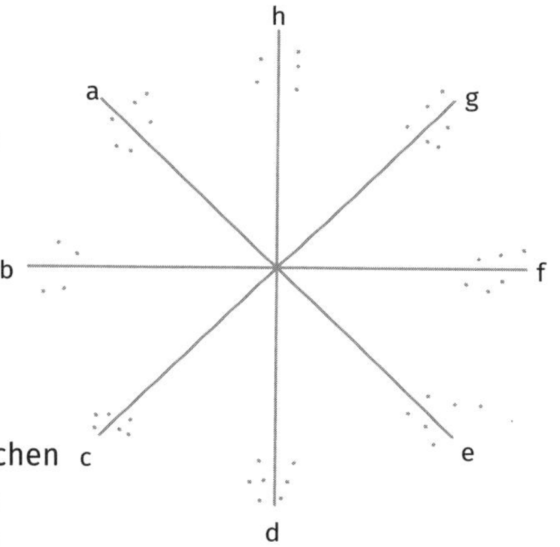 a Vermutungen und Vorhersagen formulieren b Verben der Bewegung mit Vorsilben unterscheiden c Vorschläge über eine Freizeitaktivität machen d Über Reisevorhaben sprechen e Über Reiseverkehrsmittel sprechen f Reiseverkehrsmittel beurteilen g Einen Gegenstand beschreiben		

EINSTIEG

Vor dem Öffnen des Buches

SOZIALFORM	ABLAUF	MATERIAL	ZEIT
Einzelarbeit	**AB 41/Ü1–2** Wortschatzwiederholung: Übungen zum Thema „Wohnen", die sich gut als Vorentlastung für Aufgabe 2 eignen; auch als Hausaufgabe geeignet.		

1 Traumhäuser

SOZIALFORM	ABLAUF	MATERIAL	ZEIT
Plenum	a) Die TN betrachten das Foto und äußern ihre Meinung. **VERTIEFUNG:** Bringen Sie noch mehr Fotos von Häusern unterschiedlicher Art mit und fordern Sie die TN auf zu sagen, was ihnen daran gefällt und was nicht. Diese Fotos können Sie dann auch für Aufgabe 1b verwenden, falls die TN Probleme haben, ihr Traumhaus zu beschreiben.	Fotos von Häusern	
Einzelarbeit Gruppen-arbeit	b) Die TN schreiben mithilfe der genannten Punkte einen Text über ihr Traumhaus. Weisen Sie die TN darauf hin, dass sie genau 50 Wörter schreiben sollen. **VERTIEFUNG:** Geben Sie unterschiedliche Schreibthemen vor: ein altes Haus, ein modernes Haus, ein Haus am Meer, eine Stadtwohnung, eine Wohnung am Stadtrand etc. Die TN arbeiten in Gruppen. Sie machen zunächst einen Wortigel zum Thema. Dann schreibt jede Gruppe ihren Text, indem eine/r TN beginnt und dann jede/r weitere Sätze hinzufügt.		
Plenum	c) Sammeln Sie die Texte ein und verteilen Sie sie neu.		
Plenum	d) Lassen Sie einige Texte im Kurs vorlesen. Die TN raten, wer welchen Text geschrieben hat. **TIPP:** Das Schreiben ist eine sehr sensible Angelegenheit, besonders, wenn kreativ geschrieben werden soll. Alle Texte können deshalb auch alternativ in einer **Kursausstellung (Glossar → S. 166)** präsentiert werden. Dabei werden die verschiedenen Arbeiten wie Ausstellungsstücke im Museum im Kursraum aufgehängt. Die TN gehen von Arbeit zu Arbeit und können sich dabei Notizen machen, die ggf., je nach Klassenklima, besprochen werden können.		
Einzelarbeit	**AB 41/Ü3** Wortschatzübung; auch als Hausaufgabe geeignet.		

WORTSCHATZ

1 Wie wohnen junge Leute in Ihrem Heimatland?

SOZIALFORM	ABLAUF	MATERIAL	ZEIT
Plenum	Die TN sprechen über die Wohnsituationen von jungen Leuten in ihren Heimatländern. Schreiben Sie passende Redemittel dazu an die Tafel, wie zum Beispiel *Das ist bei uns auch so / überhaupt nicht so. – Wirklich? Das ist ja komisch / interessant / merkwürdig ...*		

2 Ein typisches WG-Zimmer

SOZIALFORM	ABLAUF	MATERIAL	ZEIT
Plenum Partnerarbeit	Schreiben Sie „Wohngemeinschaft (WG)" an die Tafel und fragen Sie im Kurs, was eine Wohngemeinschaft ist. Die TN äußern Vermutungen. Fragen Sie die TN, ob es auch in ihrem Heimatland üblich ist, dass Menschen in Wohnungen / Häuser zusammen leben, auch wenn sie nicht miteinander verwandt sind. Die TN gehen die Liste durch und unterstreichen die Dinge, die sie nicht finden. Schnelle TN notieren zu den Wörtern die Pluralformen. *Lösung: ~~Teppich~~, Stehlampe, Drucker, Vorhang, Mülleimer*, Bild **VERTIEFUNG:** Wiederholen Sie die Wechselpräpositionen. Fragen Sie: *Wohin legen Sie Dinge, die herumliegen?* Die TN sprechen zu zweit. *1 Ich lege die Hose in den Schrank. 2 Die Hose liegt im Schrank. 3 Ich ...*		
Einzelarbeit	**AB 42/Ü4** Wortschatzübung zu Gegenständen in der Wohnung; auch als Hausaufgabe geeignet.		

3 Einrichtungstricks vom Profi

SOZIALFORM	ABLAUF	MATERIAL	ZEIT
Plenum	Die TN ordnen die Wörter den Tipps zu. *Lösung: Hochbett, Sofakästen, Klapptisch*		

4 Wortbildung Nomen

SOZIALFORM	ABLAUF	MATERIAL	ZEIT
Einzelarbeit	Die TN lösen die Aufgabe. Weisen Sie sie auch auf die Grammatikübersicht im Kursbuch (→ KB 46/1) hin. Fragen Sie, welchen der Tipps in 3 die TN am nützlichsten finden und ob ihnen weitere Tipps einfallen. *Lösung:* Verb + Nomen: *Klapptisch;* Adjektiv + Nomen: *Hochbett;* Nomen + Nomen: *Sofakästen*		
Einzelarbeit	**AB 42/Ü5** Wortschatzübung; auch als Hausaufgabe geeignet.		

Ich kann jetzt ...

SOZIALFORM	ABLAUF	MATERIAL	ZEIT
Einzelarbeit	Die TN markieren, was auf sie zutrifft.		
Plenum	**VERTIEFUNG:** Arbeiten Sie mit der **Ballmethode (Glossar → S. 164):** Jemand nennt ein zusammengesetztes Nomen zum Thema „Wohnen" und wirft den Ball. Die-/Derjenige, die/der ihn fängt, bildet mit dem letzten Wort ein neues zusammengesetztes Nomen. *Beispiel: Esstisch – Tischdecke – ...*	Ball	

HÖREN

1 Wie findet man eine Wohnung?

SOZIALFORM	ABLAUF	MATERIAL	ZEIT
Plenum	Vor dem Öffnen des Buches: Fragen Sie: *Wie findet man eine Wohnung?* Die TN äußern ihre Ideen. Notieren Sie die Antworten mit möglichen Präpositionen an die Tafel z. B. über Anzeigen, über einen Makler, mithilfe von Internetportalen etc. Geben Sie den Hinweis, dass bestimmte Formen als feste Wortverbindungen, **Chunks (Glossar → S. 164),** gelernt werden sollten, um die Sprachgeschwindigkeit zu erhöhen und die Fehlerquote zu minimieren. Das ist besonders bei Ergänzungen mit Ortsangabe sinnvoll. Chunks sind feste Redemittel, die nicht grammatisch analysiert, sondern von den TN als feste Form gelernt werden.		
Partnerarbeit	Die TN öffnen das Buch und sprechen mithilfe des Schüttelkastens und der Bilder zur Fragestellung.		

2 Tipps für Wohnungssuchende

SOZIALFORM	ABLAUF	MATERIAL	ZEIT
Plenum Plenum	Lesen Sie gemeinsam den Lerntipp „Richtig hören – Erste Orientierung“. Danach wird im Plenum über das richtige Hören gesprochen. Machen Sie den TN deutlich, dass es wichtig ist, im Vorfeld alles, was sie zu einem Thema wissen, zu aktivieren. Dabei helfen auch die im Lerntipp genannten Fragen. Exemplarisch wird das „richtige Hören“ anhand dieser Aufgabe geübt. a) Die TN hören die Einleitung zum Radiobeitrag. Kontrolle im Plenum. *Lösung: Es geht um das Thema Wohnungssuche und darum, wie unterschiedliche Leute ihre Wohnung gefunden haben.*	 1 🔊 17	
Einzelarbeit Plenum	b) Die TN hören nun eine Aussage und beantworten die Frage. Kontrolle im Plenum. Fragen Sie, ob jemand im Kurs erklären kann, was „Eigenbedarf“ bedeutet. *Lösung: Dem Mann wurde die Wohnung wegen Eigenbedarf gekündigt. Er tut sich schwer, eine neue Wohnung zu finden, da er sich keinen Makler leisten kann.*	1 🔊 18	
Einzelarbeit Plenum	c) Die TN lesen zuerst die Aussagen und markieren wichtige Wörter. Machen Sie deutlich, dass dies eine wichtige Strategie für Textverständnisaufgaben ist, die man sich auch für Prüfungssituationen angewöhnen sollte. Danach hören sie die Aussagen und kreuzen an, ob die Aussagen richtig oder falsch sind. Kontrolle im Plenum. *Lösung: 1F, 2R, 3R, 4F, 5R* **TIPP:** Regen Sie die TN dazu an, öfter eine Radiosendung als Podcast im Internet anzuhören. Der Vorteil ist, dass man die Sendungen im Internet unabhängig von Raum und Zeit auch wiederholt anhören kann. Die TN sollen sich ein für sie interessantes Thema heraussuchen und sich überlegen: *Was weiß ich über dieses Thema? Worum wird es logischerweise gehen?* Nach dem Hören überlegen sie, ob ihnen dieses Vorwissen geholfen hat, das Gehörte besser zu verstehen.	1 🔊 19	

3 *nicht / nur brauchen ... zu*

SOZIALFORM	ABLAUF	MATERIAL	ZEIT
Einzelarbeit Plenum	Die TN hören die Passagen und ergänzen die Sätze. Kontrolle im Plenum. *Lösung: Wer eine Wohnung sucht, braucht nur Zeitung zu lesen. / Man braucht also nicht alle Mietpreise zu vergleichen. / Sie brauchen gar nicht mehr anzurufen. / Man braucht nur lange genug zu suchen.* Weisen Sie die TN auch auf die Grammatikübersicht im Kursbuch (→ KB 46/2) hin.	1 🔊 20	
Einzelarbeit	**AB 43/Ü6** Grammatik entdecken zu *brauchen / nicht brauchen ... zu* + Infinitiv; auch als Hausaufgabe geeignet.		
Einzelarbeit	**AB 44/Ü7–8** Schreibübungen zu Wohngemeinschaften und zur Hausordnung mit *nicht/nur brauchen ... zu* + Infinitiv; auch als Hausaufgabe geeignet.		

4 Wie gehen Sie bei der Wohnungssuche vor?

SOZIALFORM	ABLAUF	MATERIAL	ZEIT
Partnerarbeit	Die TN sprechen zu zweit, welche Möglichkeiten der Wohnungssuche sie bereits genutzt haben oder nicht. Sie äußern sich darüber, welche anderen Möglichkeiten sie vielleicht in Zukunft nutzen möchten. Ggf. erstellen sie gemeinsame eine Liste mit den Vor- und Nachteilen der einzelnen Möglichkeiten, z. B.: ***Makler*** *Vorteil: Ein Makler kennt viele Wohnungsangebote.* *Nachteil: Ein Makler kostet Geld.* ***Anzeigen*** *Vorteil: Die Wohnungssuche ist preisgünstig.* *Nachteil: Viele Bewerber lesen die Anzeige.*		
Einzelarbeit	**AB 45/Ü9** Wortschatzübung zum Thema „Wohnungssuche"; auch als Hausaufgabe geeignet.		

Ich kann jetzt ...

SOZIALFORM	ABLAUF	MATERIAL	ZEIT
Einzelarbeit	Die TN markieren, was auf sie zutrifft.		
Gruppenarbeit	**VERTIEFUNG:** Bilden Sie Gruppen. Die Gruppen schreiben Sätze zum Thema „Wohnungssuche", indem die TN auf ihre Liste in 4 zurückgreifen: Welche Vor- und Nachteile haben die einzelnen Möglichkeiten der Wohnungssuche? Beispiel: *Anzeigen lesen ist zwar preiswerter als selbst eine zu schalten, aber die Anzeigen werden von vielen Menschen gelesen und ich bin ein Bewerber unter vielen.*		

SCHREIBEN

1 Auf Wohnungssuche

SOZIALFORM	ABLAUF	MATERIAL	ZEIT
Plenum	Die TN sehen das Foto an und äußern ihre Vermutungen. Stellen Sie weitere Fragen: *Was sieht man auf dem Foto? Wer ist wohl die Frau an der Tür?*		

2 Um Rat bitten

SOZIALFORM	ABLAUF	MATERIAL	ZEIT
Einzelarbeit	a) Die TN lesen die E-Mail von Richard und markieren die Person, an die er schreibt. Fragen Sie die TN, was „alte“ in diesem Kontext bedeutet. *Lösung: an eine alte Freundin*		
Einzelarbeit	b) Die TN ergänzen die Lücken. *Lösung: 1a, 2c, 3c, 4b, 5b, 6b, 7b, 8c, 9b, 10b*		
Partnerarbeit Plenum	c) Die TN vergleichen ihre Lösungen mit denen ihrer Lernpartner und markieren zunächst, was unterschiedlich ist. Dann lesen sie sich diese Sätze noch mal in beiden Varianten vor. Oft hilft das, um Fehler zu erkennen. Wer hat recht? Die TN sollen sich pro Lücke auf eine Form einigen. Kontrolle im Plenum.		

3 Wortstellung im Hauptsatz

SOZIALFORM	ABLAUF	MATERIAL	ZEIT
Plenum	a) Lesen Sie die E-Mail (am besten etwas leiernd) vor oder lassen Sie sie vorlesen. So erkennen die TN sicher schnell, wo das Problem liegt. Alternativ markieren die TN die Satzanfänge. *Lösung: Die Sätze beginnen oft gleich (Ich). Das wirkt sehr monoton und langweilig.*		
Einzelarbeit	b) Die TN ergänzen die Tabelle. Schreiben Sie verschiedene Beispiele in Tabellenform an die Tafel. *Lösung:* *Ich kann deine Probleme gut verstehen.* *Ich habe mir eine Wohnung in Sankt Pauli angesehen.* *Mir wollte aber keine Gebühren für Makler bezahlen.*		

Partnerarbeit Plenum	c) Die TN lesen den Lerntipp „Richtig schreiben – Gute Texte schreiben" und markieren die richtigen Aussagen. Weisen Sie die TN auch auf die Grammatikübersicht (→ KB 46/3) hin. Kontrolle im Plenum. *Lösung: Im Hauptsatz steht das Verb immer auf Position 2. / Der Satzanfang auf Position 1 kann variieren.* **VERTIEFUNG:** Schreiben Sie jedes Wort und jedes Satzzeichen eines Satzes, zum Beispiel des ersten Satzes der Tabelle, auf ein DIN-A4-Papier. Lassen Sie die Sätze aus der Tabelle mittels **Grammatiktheater (Glossar → S. 165)** stellen und variieren: Dazu kommen so viele Personen nach vorne, wie es Kärtchen gibt. Jede/r hält das eigene Kärtchen sichtbar für alle. Das Plenum dirigiert die passenden Anschlüsse für jede Person. Die Personen, die zusammengehören (zum Beispiel Artikel + Nomen) haken sich ein. Wenn der Satz „steht", wird diskutiert, ob jetzt alles richtig ist. Im Anschluss wird überlegt, wie man den Satz noch stellen könnte. Wie viele Varianten werden gefunden?	DIN-A4-Papier Moderationskarten	
Einzelarbeit	**AB 45/Ü10** Grammatik entdecken: Die TN erkennen, welche Satzglieder auf Position 1 stehen können; auch als Hausaufgabe geeignet.		
Partnerarbeit	d) Die TN überlegen sich zu zweit, wie sie die E-Mail von Sara umformulieren können und schreiben gemeinsam einen neuen Text. Die Texte werden anschließend im Plenum aufgehängt, vorgelesen und diskutiert.		

4 Eine E-Mail schreiben

SOZIALFORM	ABLAUF	MATERIAL	ZEIT
Einzelarbeit	a) Die TN machen sich Notizen zu den Stichpunkten.		
Einzelarbeit	b) Die TN schreiben eine E-Mail mithilfe der Redemittel.		
Partnerarbeit	c) Die TN lesen ihre E-Mail noch einmal kritisch durch. Alternativ können die TN ihre Texte mit einer Lernpartnerin / einem Lernpartner tauschen und auf unterschiedliche Satzanfänge achten.		
Einzelarbeit	**AB 46/Ü11** Vertiefende Schreibübung zum Thema „Wohnungssuche"; auch als Hausaufgabe geeignet.		

Ich kann jetzt …

SOZIALFORM	ABLAUF	MATERIAL	ZEIT
Einzelarbeit	Die TN markieren, was auf sie zutrifft. **VERTIEFUNG:** Die TN wählen eine ihrer Antwort-E-Mails und ändern die Beschreibung ihrer Wohnung / ihres Hauses auf witzige Art ab, zum Beispiel *Die Wohnung ist sehr ruhig, denn im Erdgeschoss befindet sich ein Kindergarten und im Obergeschoss wohnt ein Opernsänger. …* Lustiges oder Absurdes zu schreiben, fördert die Fantasie und macht mehr Spaß.		

LESEN

1 Verschiedene Wohnformen

SOZIALFORM	ABLAUF	MATERIAL	ZEIT
Plenum	a) Die TN sehen sich die Bilder an und äußern ihre Vermutungen. Falls den TN nichts einfällt, geben Sie ein paar Impulse: Fragen Sie zum Beispiel, ob die Wohnungen eher modern, rustikal, sauber, unordentlich, ... sind.		
Einzelarbeit	b) Die TN ordnen die Überschriften zu. Fragen Sie die TN, warum diese Art von Leseaufgabe sinnvoll ist und erklären Sie bei Bedarf, dass es auch in der Muttersprache verschiedene Arten von Lesen gibt – man macht sich diese nur nicht immer bewusst. Beim Lesen in der Fremdsprache kann man das Lesen in verschiedene Phasen und unterschiedliche Aspekte einteilen. *Lösung: Text 1 = Eine Menge Mitbewohner. / Text 2= Es wird eng.*		
Plenum	Falls Sie dieses Thema nicht schon im Baustein WORTSCHATZ behandelt haben, lesen die TN die Informationen über Wohngemeinschaften (WGs) in *Wussten Sie schon?* Sprechen Sie im Kurs über WGs. Sie können an dieser Stelle ggf. auch von Ihren eigenen WG-Erfahrungen berichten.		
Partnerarbeit	**AB 47/Ü12** Leseverstehen zu den Texten im Kursbuch. **VERTIEFUNG:** Die TN schreiben zu einem der Texte fünf Fragen auf, die die Lernpartnerin / der Lernpartner beantwortet.		
Einzelarbeit	**AB 47/Ü13** Radioreportage zum Thema „Wohnen in einer Wohngemeinschaft“, angelehnt an *Wussten Sie schon?* im Kursbuch; auch als Hausaufgabe geeignet.	3 🔊 21	
Einzelarbeit Plenum	c) Die TN lesen die Texte noch einmal genau und ergänzen die Namen. Kontrolle im Plenum. *Lösung: 1 und 2 = Ivo, 3 = Chris*		

2 Temporale Präpositionen

SOZIALFORM	ABLAUF	MATERIAL	ZEIT
Einzelarbeit	Die TN ergänzen die Beispiele und überlegen, ob es sich bei den Beispielen um einen Zeitpunkt oder eine Zeitdauer handelt. Weisen Sie die TN auch auf die Grammatikübersicht im Kursbuch (→ KB 46/4) hin. *Lösung: seit drei Jahren (Zeitdauer); gegen 20 Uhr (Zeitpunkt); innerhalb des letzten Jahres (Zeitdauer); außerhalb der Schulzeiten (Zeitdauer); während der Woche (Zeitdauer)*		
Gruppenarbeit	**VERTIEFUNG:** Präpositionenspiel: Kopieren Sie die Kopiervorlage Lektion 4/1 auf zwei unterschiedlich farbige Papiere und bilden Sie pro Lerngruppe einen Stapel mit den temporalen Präpositionen (zum Beispiel weißes Papier) und einen Stapel mit Situationen (zum Beispiel rotes Papier). Ein TN zieht in seiner Gruppe eine Präposition, zum Beispiel *seit*, und von dem anderen Stapel zum Beispiel *auf Besuch warten*. Der TN soll beide Teile zu einem Satz verbinden (*seit / auf Besuch warten – Seit drei Stunden warte ich auf meinen Besuch*). Lassen sich beide Teile nicht verbinden, zieht der TN eine neue Karte.	Kopiervorlage Lektion 4/1, weißes / farbiges Papier	
Einzelarbeit	**AB 48/Ü14** Wiederholungsübung zu den aus A2 bekannten temporalen Präpositionen; auch als Hausaufgabe geeignet.		

Einzelarbeit	**AB 48/Ü15** Grammatik entdecken: Übung zu temporalen Präpositionen. Die TN markieren die Zeitangaben; auch als Hausaufgabe geeignet.		
Einzelarbeit	**AB 49/Ü16** Grammatikübung zu temporalen Präpositionen. Die TN ordnen die Präpositionen zu und ordnen die Beispiele aus dem Text in die Tabelle ein; auch als Hausaufgabe geeignet.		

3 Eine Reportage

SOZIALFORM	ABLAUF	MATERIAL	ZEIT
Gruppenarbeit Plenum	a) Bei geschlossenen Büchern: Teilen Sie den Kurs in drei Gruppen. Lesen Sie die Überschrift und die Unterschrift des Textes vor. Jede Gruppe erstellt zu einem der Themen einen Wortigel (*Kinderlärm / Altersruhe / Wohnen mit allen Generationen*). Anschließend schreibt jede Gruppe ihren Wortigel an die Tafel und stellt ihre Ergebnisse vor.		
Einzelarbeit Plenum Partnerarbeit	b) Die TN öffnen die Bücher. Weisen Sie auf den Lerntipp hin. Die TN lesen zunächst die Aussagen, dann den Text und markieren, welche Aussagen richtig und welche falsch sind. Klären Sie ggf. unbekannten Wortschatz. Kontrolle im Plenum. *Lösung: 1 richtig, 2 falsch, 3 falsch, 4 richtig, 5 richtig, 6 falsch* **TIPP:** Wer früher fertig ist, wird **Textdetektiv (Glossar → S. 168):** Die TN unterstreichen alle Wörter, die mit „e" beginnen (außer Artikel) und schreiben daraus einen Satz. *Lösung: erkennen, Experiment, Eintragungen, erzählen, eigene, Ehepaar, extrem, einfach, Elfriede, Euro, Einkaufen, erwarten, ...* **VERTIEFUNG:** Arbeiten Sie mit dem neuen Wortschatz aus dem Lesetext nach Beendigung der Lesephase mit der **Tandem-Methode (Glossar → S. 167)** weiter. Die TN arbeiten zu zweit. Eine/r nennt ein Nomen, die/der andere dann das passende Verb (zum Beispiel *Schnee schaufeln, Arbeiten übernehmen*, etc.)		
Einzelarbeit	**AB 50/Ü17** Vertiefende Wortschatzübung zum Lesetext. Kontrolle über das Hören; auch als Hausaufgabe geeignet.	3 🔊 22	

4 Ihre Meinung

SOZIALFORM	ABLAUF	MATERIAL	ZEIT
Plenum	**LANDESKUNDE:** Im deutschsprachigen Raum wird das generationsübergreifende Wohnen immer beliebter. Das heißt, dass in einem Haus mehrere Generationen, also Menschen jeden Alters, allein oder als Familie, zusammenwohnen. Ziel eines solchen Wohnprojekts ist es, sich gegenseitig zu unterstützen. Jeder hat seine Privatsphäre in seiner Wohnung, kann aber jederzeit Kontakt und Hilfe bei den anderen Bewohnern suchen. Die TN beantworten die Fragen. Lassen Sie die TN zunächst zu zweit sprechen, um etwas Sicherheit zu gewinnen. Ermuntern Sie auch dazu, dass die TN die eigene Meinung äußern. Sammeln Sie dann Berichte und Meinungen im Plenum. **INTERKULTURELLES:** Diskutieren Sie weitere Fragen mit den TN, wie zum Beispiel *Warum sind wohl solche generationsübergreifenden Wohnprojekte entstanden? Könnten Sie sich vorstellen, in einem Mehrgenerationenhaus zu wohnen?* etc.		

Ich kann jetzt ...

SOZIALFORM	ABLAUF	MATERIAL	ZEIT
Einzelarbeit	Die TN markieren, was auf sie zutrifft.		
Plenum	**VERTIEFUNG:** Die in dieser Lektion behandelten temporalen Präpositionen werden auf kleine Zettel geschrieben und im Raum ausgelegt. Jede/r TN zieht einen Zettel und heftet ihn sich mit Kreppband an die Brust. Alle gehen zur Musik durch den Raum. Wenn die Musik stoppt, gehen zwei Lernpartner zusammen und sagen einen Satz zu der Präposition der/des anderen.	Zettel, aktivierende Musik, Kreppband	

SPRECHEN

1 Eine Blitz-Umfrage

SOZIALFORM	ABLAUF	MATERIAL	ZEIT
Plenum	Schreiben Sie folgende Stichpunkte tabellenartig an die Tafel. Name · WG ja/nein · Gründe · Erfahrungen Die TN übertragen die Stichpunkte auf einen Zettel. Dann laufen sie durch den Raum, befragen mindestens 3 bis 5 Personen und machen sich dabei Notizen. Sammeln Sie anschließend im Plenum: Was waren die lustigsten/interessantesten Erfahrungen?	Zettel	

2 Unser neuer Mitbewohner

SOZIALFORM	ABLAUF	MATERIAL	ZEIT
Einzelarbeit	a) Die TN sehen zunächst die Aufgabenüberschrift und die Fotos an und überlegen, ohne die Texte zu lesen, was für Personen das sein könnten. Nach dem Lesen unterstreichen sie die wichtigen Informationen in den Profiltexten.		
Einzelarbeit	b) Die TN lesen den Lerntipp „Notizen machen" und übertragen ihn auf diese Situation. Sie überlegen sich, was sie an den Bewerbern positiv und negativ finden und wen sie warum zuerst einladen möchten. **TIPP:** Dieser Lerntipp hilft nicht nur beim Deutschlernen, sondern immer bei bevorstehenden Gesprächen.		
Partnerarbeit	**VERTIEFUNG:** Wenn Sie noch mehr Abwechslung in den Lerngruppen haben wollen, bringen Sie Fotos von ausdrucksstarken Personen aus Zeitschriften mit und legen Sie sie im Kurs aus. Die TN wählen paarweise eine Person und beschreiben sie in einem kurzen Text wie in den Beispielen (etwas Positives und etwas Störendes). Alle Porträts werden dann im Kurs aufgehängt und die TN gehen von Porträt zu Porträt und entscheiden, welche Person sie mit in die WG aufnehmen wollen und warum. Dann kann sich im folgenden Rollenspiel eine schöne Diskussion entwickeln, weil sich die TN besser mit den Personen identifizieren können.	Personenporträts aus Zeitschriften	

3 Rollenspiel: Wen laden wir ein?

SOZIALFORM	ABLAUF	MATERIAL	ZEIT
Einzelarbeit Plenum	a) Die TN schreiben die Redemittel auf Kärtchen und sortieren dann, ob es sich um Wünsche oder Abneigungen handelt. Kontrolle im Plenum.	Kärtchen	
Gruppen- arbeit	b) Die TN arbeiten zu viert. Zwei TN jeder Gruppe führen das Rollenspiel als WG-Bewohner mithilfe ihrer Notizen durch. Die anderen beiden beobachten das Rollenspiel und geben Rückmeldung. Dabei können sie mit dem „Rückmeldebogen für Rollenspiele" auf der Kopiervorlage 4/2 arbeiten: Kopieren Sie den Rückmeldebogen für alle TN und gehen Sie vor dem Rollenspiel im Plenum die Punkte durch, auf die die TN bei den Gesprächen achten sollen. Schreiben Sie ggf. Redemittel an die Tafel wie *Ich fände es besser, wenn ..., etc.* Geben Sie den „Beobachtern" nach dem Rollenspiel Zeit, die eigenen Notizen zu ordnen und ggf. auszuformulieren.	Kopiervorlage 4/2	
Gruppen- arbeit	c) Führen Sie nun das Rollenspiel durch. Jeder „Beobachter" gibt anhand des Rückmeldebogens ein persönliches Feedback zu je einem „WG-Bewohner". Gehen Sie herum und helfen Sie bei Schwierigkeiten.		
Gruppen- arbeit	d) Die TN tauschen die Rollen.		
Einzelarbeit	**AB 50/Ü18** Übung zu den Redemitteln; auch als Hausaufgabe geeignet.		

Ich kann jetzt ...

SOZIALFORM	ABLAUF	MATERIAL	ZEIT
Einzelarbeit	Die TN markieren, was auf sie zutrifft.		
Partnerarbeit	**VERTIEFUNG 1:** Die TN sprechen über ihre persönliche Wohnsituation. Was für Wünsche und Abneigungen haben sie?		
Gruppen- arbeit	**VERTIEFUNG 2:** Die Gruppen arbeiten mit den Kärtchen aus Aufgabe 3 und nennen ihre Wünsche und Abneigungen im Kurs. Sie schreiben dann zwei Dinge davon auf, die sie Ihnen als KL gern zum Unterricht mitteilen möchten. Dazu können sie für ihre Wünsche grüne und für ihre Abneigungen rote Kärtchen benutzen.	Kärtchen aus Aufgabe 3, rote und grüne Kärtchen	

SEHEN UND HÖREN

1 *Zwei Zimmer, Balkon* – ein Film von Enno Reese und Katharina Eyssen

SOZIALFORM	ABLAUF	MATERIAL	ZEIT
Plenum	a) Die TN äußern ihre Vermutungen zu der Situation auf dem Foto.		
Plenum	b) Die TN sehen sich den ersten Abschnitt des Films ohne Ton an und kreuzen dann ihre Vermutung an. *Lösung: Sie streiten sich.*	09	

Einzelarbeit Plenum	c) Die TN sehen fünf Abschnitte des Films an und beantworten die Fragen. *Lösung:* Abschnitt 1: *Tom und Kathrin möchten zusammen wohnen, aber sie sind sich nicht einig, wie ihre gemeinsame Wohnung aussehen soll. Kathrin möchte eine Badewanne, Tom möchte einen Balkon. Kathrin meint, Tom wird die perfekte Wohnung nicht finden. Die beiden müssten sich auf einen Kompromiss einigen.* Abschnitt 2: *Tom, der eine Wohnung für sich und Kathrin sucht. Nola, die auch eine Wohnung sucht. Und ein Mann im Anzug, der Wohnungsmakler von Beruf ist.* *Nolas Taktik ist es, so zu tun, als wären sie und Tom ein Paar. Sie tut das, weil sie denkt, dass Paare bessere Chancen auf dem Wohnungsmarkt haben.* Abschnitt 3: *Nola hat früher Theater gespielt und möchte die erste Wohnung haben, die sie bekommen. Tom studiert Literaturwissenschaft und schlägt vor, dass sie als Paar eine Wohnung suchen.* Abschnitt 4: *Wohnung 1: Die Wohnung ist sehr dunkel, weil sie im Keller liegt. Wohnung 2: Die Katzen des Vormieters müssen Zugang zur Wohnung haben. Wohnung 3: Die Wohnung ist sehr teuer. Die Makler empfiehlt den beiden, nach Berlin zu ziehen.* Abschnitt 5: *Tom und Nola finden die Wohnung großartig. Sie bekommen die Wohnung, weil sie der Vermieterin gefallen und sie froh ist, so ein nettes Paar zu finden.*	9–13	
Plenum	d) Diskutieren Sie mit den TN im Plenum, wie der Film ausgehen wird. Alternativ können sich die TN auch zuerst in Paararbeit oder in Gruppen austauschen und die Ideen werden erst anschließend im Plenum gesammelt.		
Plenum	e) Die TN sehen das Ende des Films und sprechen im Plenum, ob sie mit ihren Vermutungen richtig lagen.	14	

Mein Dossier

SOZIALFORM	ABLAUF	MATERIAL	ZEIT
Einzelarbeit	**AB 51/Ü19** Die TN beschreiben einen Ort, an dem sie besonders gern sind; auch als Hausaufgabe geeignet.		

Ich kann jetzt ...

SOZIALFORM	ABLAUF	MATERIAL	ZEIT
Einzelarbeit	Die TN markieren, was auf sie zutrifft.		
Einzelarbeit	**VERTIEFUNG:** Stellen Sie den TN folgende Aufgabe: *Sie haben fünf Minuten Zeit: Worum ging es in dem Film? Schreiben Sie. Bringen Sie die Handlung in höchstens fünf Sätzen auf den Punkt.*		

AUSSPRACHE: *pr – tr – kr – spr – str* (Arbeitsbuch → AB 52)

1 *pr – tr – kr*

SOZIALFORM	ABLAUF	MATERIAL	ZEIT
Plenum	a) Die TN hören die Wörter und sprechen nach.	3 🔊 23	
Partnerarbeit	b) Die TN schreiben mit den Wörtern aus a) Sätze. Ihre Lernpartnerin / Ihr Lernpartner spricht diese nach. **TIPP:** Weisen Sie die TN darauf hin, dass wirklich jeder Laut der Lautverbindung deutlich gesprochen werden muss, weil es sonst zu Missverständnissen kommen kann, zum Beispiel *der Trick – der Tick*.		

2 *spr – str*

SOZIALFORM	ABLAUF	MATERIAL	ZEIT
Plenum	Die TN hören die Sätze und sprechen sie nach.	3 🔊 24	

3 Zungenbrecher

SOZIALFORM	ABLAUF	MATERIAL	ZEIT
Plenum	Die TN hören die Zungenbrecher und sprechen sie nach. **TIPP:** Machen Sie einen Wettbewerb: Wer kann welchen Zungenbrecher am schnellsten fehlerfrei sprechen? **VERTIEFUNG:** Die TN können auch aus der Lektion Wörter mit *spr, str* heraussuchen und selbst Zungenbrecher schreiben.	3 🔊 25	

LERNWORTSCHATZ (Arbeitsbuch → AB 53)

SOZIALFORM	ABLAUF	MATERIAL	ZEIT
Einzelarbeit	**LERNSTRATEGIE-TIPP 4:** Geben Sie den TN den Tipp, die Verben immer in einem Kontext zu lernen. Lassen Sie die TN verschiedene Situationen, in denen das Verb benutzt wird, herausfinden und versuchen Sie, Synonyme zu finden. Beispiel: *verteilen* → *Ich verteile die Texte neu. Ich verteile Gummibärchen an die anderen TN. Die Gruppe verteilt sich auf dem Platz.* Als Synonym: *austeilen, sich ausbreiten.*		

LEKTIONSTEST 4 (Arbeitsbuch → AB 54)

SOZIALFORM	ABLAUF	MATERIAL	ZEIT
Einzelarbeit	Mithilfe des Lektionstests haben die TN die Möglichkeit, ihr neues Wissen in den Bereichen Wortschatz, Grammatik und Redemittel zu überprüfen. Wenn die TN mit einzelnen Bereichen noch Schwierigkeiten haben, können sie gezielt noch einmal einzelne Module wiederholen.		

REFLEXION DER LEKTION

SOZIALFORM	ABLAUF	MATERIAL	ZEIT
Gruppen-arbeit	Die TN schreiben alle *Ich kann jetzt*-Sätze auf kleine Zettel und legen sie auf den Tisch. Jede/r TN wählt davon aus, was ihr/ihm besonders viel gebracht hat, und begründet die Auswahl. Gibt es Zettel, die keiner mochte? Dann ab damit in den Papierkorb. **TIPP:** Diese Übung ist sehr effektiv, weil sie den TN ermöglicht, Einfluss auf ihren Lernprozess zu nehmen und zu erkennen, was gut für sie ist und was nicht. Das fördert das autonome Lernen.	Zettel Papierkorb	

Situationstext

SOZIALFORM	ABLAUF	MATERIAL	ZEIT
Plenum	Die TN lesen den Situationstext und die Checkliste zur Anerkennung eines ausländischen Berufsabschlusses. Alternative Herangehensweise: Bei geschlossenen Büchern an der Tafel sammeln lassen, welche Schritte für das Thema infrage kommen könnten. Im Anschluss vergleichen die TN mit der Checkliste im Buch.		

1 Informationen sammeln

SOZIALFORM	ABLAUF	MATERIAL	ZEIT
Einzelarbeit	a) Die TN lesen die Stichpunkte und markieren die zum Situationstext passenden Punkte. *Lösung: Ich möchte meine Chancen auf dem Arbeitsmarkt erhöhen; Ich möchte Aufgaben übernehmen, für die ich mich in meinem Heimatland bereits qualifiziert habe.* Die TN lesen in *Wussten Sie schon?* den Text zur beruflichen Anerkennung. Besprechen Sie unbekannte Wörter im Plenum. TN, die einen Beruf erlernt haben und diesen anerkennen lassen möchten, recherchieren gezielt auf den angegeben Seiten zu ihrem Berufsabschluss; auch als Hausaufgabe geeignet.		
Einzelarbeit	b) Die TN lesen den Internettext über reglementierte Berufe und markieren wichtige Informationen. Besprechen Sie unbekannte Wörter im Plenum. Danach fassen sie den Textinhalt mit eigenen Worten zusammen und geben ein Beispiel. Fragen Sie die TN, warum manche Berufe reglementiert sind. Um welche Arten von Berufen handelt es sich?		
Einzelarbeit Plenum	c) Die TN recherchieren zu ihrem Berufsabschluss oder Berufswunsch und präsentieren ihre Ergebnisse im Kurs; auch als Hausaufgabe geeignet.		

2 Einen Ansprechpartner finden

SOZIALFORM	ABLAUF	MATERIAL	ZEIT
Einzelarbeit	a) Die TN verbinden die einzelnen Schritte des Anerkennungsverfahrens sinnvoll miteinander. Alternativ können die TN vorweg Vermutungen anstellen, welche Schritte man in einem Anerkennungsverfahren durchläuft. Ermuntern Sie die TN, sich gegenseitig Fragen zu schweren / unverständlichen Wörtern zu stellen. Erläutern Sie, dass bei offiziellen Verfahren / Informationen von Behörden die Sprache oft nicht ganz einfach verständlich ist. Sogar Muttersprachler haben hier manchmal Schwierigkeiten. Daher ist es eine wichtige Strategie, sich gegenseitig um Hilfe zu bitten. *Lösung: 1 Zuerst muss Tala die zuständige Stelle finden und Kontakt mit dem richtigen Ansprechpartner aufnehmen. 2 Dort stellt Tala einen Antrag auf ein Verfahren zur Überprüfung der Gleichwertigkeit. 3 Dazu muss Tala Nachweise ihres Abschlusses, ihrer Berufserfahrung und ihrer beruflichen Weiterbildung einreichen. 4 Die zuständige Stelle vergleicht die ausländische Berufsqualifikation mit dem inländischen Abschluss. 5 Dabei berücksichtigt sie auch die Berufserfahrung der Antragstellerin. 6 Nach der Überprüfung wird der Berufsabschluss entweder anerkannt oder es werden Kurse zur Weiterbildung empfohlen.*		

Einzelarbeit	b) Die TN lesen zunächst die Lesestrategie „Vorwissen aktivieren" unten auf der Seite und wenden ihn auf den Internettext an. Danach lesen sie den Internettext ganz und markieren die richtigen Antworten. *Lösung: beim Arbeitsamt, bei einem Übersetzer, im Internet, beim Landesprüfungsamt.*		
Partnerarbeit Plenum	c) Bilden Sie Gruppen, die aus mindestens einem TN mit einem reglementierten Beruf / Berufswunsch und anderen TN bestehen. Ziel ist es, dass die Gruppe die TN aus reglementierten Berufen gemeinsam unterstützt. Die Gruppen überlegen zuerst, wo in ihrer Stadt die zuständige Stelle bzw. wer der zuständige Ansprechpartner für die Berufsanerkennung ist. Regen Sie die TN dazu an, dabei auch grundsätzlich darüber nachzudenken, wer bei Berufsfragen helfen könnte (z. B. Jobcenter, BIT etc.). Anschließend recherchieren sie, ob sie richtig lagen und präsentieren ihre Ergebnisse im Plenum; auch als Hausaufgabe möglich.		

3 Einen Antrag auf Anerkennung stellen

SOZIALFORM	ABLAUF	MATERIAL	ZEIT
Einzelarbeit Plenum	a) Die TN lesen zuerst die Stichworte und besprechen Sie unbekannte Wörter im Plenum. Danach hören Sie den Text und nummerieren die Reihenfolge. Kontrolle im Plenum. Machen Sie den TN bewusst, dass ein Telefonat mit einer Behörde sprachlich immer eine große Herausforderung ist. Daher ist es sinnvoll, sich vorher eine mögliche Struktur aufzuschreiben und auch dazu passende Redemittel zu notieren. *Lösung: 1 Begrüßung, 2 Grund für den Anruf, 3 Formular ausfüllen, 4 Terminabsprache, 5 notwendige Unterlagen, 6 Dauer des Ankerkennungsverfahrens, 7 Schritte nach dem Bescheid, 8 Verabschiedung*	1 🔊 21	
Einzelarbeit	b) Die TN hören den Dialog erneut und markieren die richtigen Antworten. *Lösung: 1 Herrn Schmidt; 2 hat ihn schon heruntergeladen; 3 über Tätigkeiten im erlernten Beruf; 4 am 19.10. um 8:30 Uhr; 5 Ausweis oder Reisepass; 6 Abschlussdokumente und Zeugnisse; 7 unter drei Monate; 8 einen Bescheid (offiziellen Brief); 9 ein ärztliches Attest*	1 🔊 21	
Einzelarbeit Gruppen-arbeit	c) Die TN lesen zunächst die Lernstrategie „Lange Wörter". Danach wählen sie ein Wort aus und erklären das Wort / die Wörter in der Gruppe.		
Einzelarbeit	d) Die TN recherchieren das für ihren Beruf oder Berufswunsch richtige Antragsformular; auch als Hausaufgabe geeignet.		

4 Eine Weiterbildung absolvieren

SOZIALFORM	ABLAUF	MATERIAL	ZEIT
Einzelarbeit	a) Die TN lesen zuerst die Stichworte. Danach lesen sie den Bescheid und kreuzen die richtige Antwort an. Vorweg können die TN auch bei geschlossenen Büchern Vermutungen anstellen, wie viele und welche Ergebnismöglichkeiten es gibt; auch als Hausaufgabe geeignet, wenn die Aufgabe danach im Kurs besprochen wird. *Lösung: Talas Ausbildung wird als überwiegend vergleichbar anerkannt. Sie muss für die fehlenden Teile einen Test oder einen Kurs absolvieren.*		
Einzelarbeit Plenum	b) Die TN markieren die wichtigste Information im Bescheid; auch als Hausaufgabe geeignet. Danach diskutieren die TN im Plenum, warum sie die ausgewählte Information für die wichtigste halten. Weisen Sie darauf hin, dass es gerade bei Briefen von Behörden eine gute Strategie ist, nicht alles von Anfang im Detail zu lesen, sondern zunächst zu versuchen, die Passage mit der wichtigsten Information zu finden. *Lösung: Die ... erworbene Qualifikation ... ist ... nicht gleichwertig.*		
Einzelarbeit	c) Die TN sehen sich zuerst die Auswahlmöglichkeiten an und besprechen Sie unbekannte Wörter im Plenum. Anschließend ergänzen sie die Lücken des Lückentextes; auch als Hausaufgabe geeignet. *Lösung: 1 Landesprüfungsstelle; 2 Berufsabschluss; 3 Anpassungslehrgang; 4 Inhouse-Training; 5 Zeugnisse; 6 Dokument; 7 Gesundheits- und Krankenpflegerin; 8 Tätigkeit*		
Plenum	d) Die TN berichten über eigene Bescheide und offizielle Briefe von Behörden. Ggf. können die TN die Bescheide in den Kurs bringen. Klären Sie im Plenum schwierige Wörter, die sie darin finden.		

EINSTIEG

Vor dem Öffnen des Buches

SOZIALFORM	ABLAUF	MATERIAL	ZEIT
Plenum	Fragen Sie die TN: *Was sind Sie / wären Sie gern von Beruf?* Die TN laufen durch den Raum und gehen zu zweit zusammen, befragen sich und wechseln dann drei- bis viermal ihre Lernpartner, um über ihre Berufe/ Berufswünsche zu sprechen. Danach kann jede/r eine Person im Plenum vorstellen: *Ich habe mit Tanja gesprochen und sie würde gern Polizistin sein, weil ...* **VERTIEFUNG:** Dabei könnte man die TN auffordern, eine **Lüge (Glossar → S. 166)** einzubauen, die die anderen dann erraten müssen: *Ich habe mit Tanja gesprochen und sie sagt, sie wäre gern Polizistin, weil sie gern mit der Pistole schießt. Das glaube ich nicht. Sie ist viel zu friedlich.*		
Partnerarbeit Plenum	**AB 55/Ü1–2** Wortschatzwiederholung; diese Übung eignet sich gut zur Vorentlastung des Wortfeldes „Beruf". **VERTIEFUNG:** Spiel: „Was bin ich?" Jede/r TN schreibt für eine/n andere/n TN einen Fantasieberuf auf einen Zettel und klebt ihr/ihm diesen Zettel auf die Stirn oder auf den Rücken. Die TN gehen herum und befragen sich gegenseitig, was sie beruflich machen / welchen Beruf sie haben. Erlaubt sind nur „Ja-/Nein-Fragen". Bei *Ja* darf man weiterfragen, bei *Nein* ist der andere dran. Beispiel: *Arbeite ich mit Menschen? – Ja. – Muss ich viel stehen? – Ja. – Brauche ich eine Schere? – Ja. – Bin ich Friseurin? – Ja.*	Zettel, Tesakrepp oder Post-It	

1 Ein besonderes Geschäft

SOZIALFORM	ABLAUF	MATERIAL	ZEIT
Plenum	a)+b) Die TN äußern ihre Vermutungen und sagen, ob sie Lust hätten, im „Atelier La Silhouette" einzukaufen.		
Einzelarbeit Plenum	c) Die TN sehen die Reportage zunächst komplett und ergänzen dann die fehlenden Wörter. Falls Sie über keine Möglichkeit verfügen, die DVD anzusehen, können Sie die Reportage auch nur anhören. Kontrolle im Plenum. *Lösung: 1 Sozialarbeiterin, 2 Auszubildende, 3 Ausbildungsbetrieb, 4 Modewerkstatt, 5 Schneiderin, 6 Kleid*	DVD 15 2 🔊 1	

SEHEN UND HÖREN 1

1 Das Atelier *La Silhouette*

SOZIALFORM	ABLAUF	MATERIAL	ZEIT
Plenum	Die TN lesen den Tipp „Einzelheiten richtig verstehen". Fordern Sie eine/n TN auf, noch einmal mit eigenen Worten wiederzugeben, was laut Tipp gemacht werden soll.		
Einzelarbeit Plenum	Abschnitt 1: Die TN lesen zuerst die Sätze. Dann sehen sie den ersten Abschnitt des Films. Anschließend korrigieren sie die Sätze. Danach sehen sie den Abschnitt noch einmal an und fügen ggf. weitere Korrekturen ein. Kontrolle im Plenum. *Lösung: 2 jungen Frauen – eine soziale Chance, 3 den Mädchen mit ihren Kolleginnen, 4 aus der Türkei, 5 im dritten Lehrjahr*	DVD 16 2 🔊 2	

Einzelarbeit Plenum	Abschnitt 2: Die TN arbeiten wie zuvor in zwei Schritten und markieren, was richtig und was falsch ist. Kontrolle im Plenum. *Lösung: 2 richtig, 3 falsch, 4 richtig*	17 2 3	
Einzelarbeit Plenum	Abschnitt 3: Die TN sehen den dritten Abschnitt an und machen sich Stichpunkte zu den Fragen. Beim zweiten Ansehen überprüfen sie dann ihre Punkte. Kontrolle im Plenum. *Lösung: 1 Freude, Spaß, Stolz; 2 weiter zur Schule gehen, im Theater arbeiten, in einem Atelier arbeiten*	18 2 4	
Plenum	Abschnitt 4: Erinnern Sie die TN daran, dass Gülnur Azubi 1 und Pinar Azubi 2 sind, damit es bei der Zuordnung nicht zu Verwechslungen kommt. Die TN ordnen das jeweilige Satzende zu, nachdem sie den vierten Abschnitt gesehen haben. Kontrolle im Plenum. *Lösung: 1 zufriedenere junge Frauen, 2 genügend Ausbildungsplätze, 4 weltweit mehr Anerkennung für Frauen, 5 ein Leben ohne Schulden*	19 2 5	
Einzelarbeit	**AB 55/Ü3** Wortschatzübung Foto-Reportage; auch als Hausaufgabe geeignet.		

2 Wenn ich einen Zauberstab hätte, ...

SOZIALFORM	ABLAUF	MATERIAL	ZEIT
Einzelarbeit Plenum	a) Die TN formen die Sätze aus Abschnitt 4 um. Kontrolle im Plenum. *Lösung: Wenn Gülnür einen Zauberstab hätte, würde sie sich genügend Ausbildungsplätze wünschen. Wenn Pinar einen Zauberstab hätte, würde sie sich eine eigene Wohnung wünschen. Wenn Barbara einen Zauberstab hätte, würde sie sich weltweit mehr Anerkennung für Frauen wünschen. Wenn Pinar einen Zauberstab hätte, würde sie sich ein Leben ohne Schulden wünschen.* **FOKUS GRAMMATIK:** Den Konjunktiv II bildet man aus der Präteritum-Grundform. Er wird heutzutage aber fast nur noch für die Hilfsverben *sein* und *haben* und die *Modalverben* angewendet. Für die Vollverben benutzt man mittlerweile fast ausschließlich die Form von *würde* + Infinitiv. Einzelne Vollverben benutzt man auch noch ohne die *würde* + Infinitiv-Form in der Originalform, siehe die Grammatikübersicht im Kursbuch (→ KB 62/1a).		
Partnerarbeit	b) Die TN nennen eigene Wünsche mithilfe der Satzbautafel. Falls es den TN schwerfällt, gleichzeitig die Form zu bilden und Wünsche zu äußern, können Sie die Wünsche an die Tafel schreiben.		
Einzelarbeit	**AB 56/Ü4** Grammatikwiederholungsübung zu der bereits aus A2 bekannten Verwendung von Konjunktiv II-Formen in Vorschlägen und Bitten; auch als Hausaufgabe geeignet.		
Einzelarbeit	**AB 56/Ü5** Grammatik entdecken: Formen des Konjunktivs II: Verwendung in der Orginalform und mit *würde* + Infinitiv.		
Einzelarbeit	**AB 57/Ü6–7** Weitere Übungen zum Konjunktiv II zu irrealen Wünschen und Bedingungen; auch als Hausaufgabe geeignet.		

3 Spiel – Ihre Wünsche!

SOZIALFORM	ABLAUF	MATERIAL	ZEIT
Einzelarbeit	a) Die TN schreiben ihre Namen auf einen Zettel. Weisen Sie sie darauf hin, die Namen deutlich zu schreiben. Auf einen anderen Zettel schreiben die TN einen Wunsch.	Zettel	
Plenum	b) Lesen Sie die Spielanleitung vor. Die TN lesen mit. Lassen Sie sich einmal von einem TN mit eigenen Worten erklären, was zu tun ist, und führen Sie es selbst einmal mit einer/einem TN durch, damit die Aufgabenstellung richtig verstanden wird. Dann spielen die TN.		
Plenum	c) Die TN vergleichen am Ende des Spiels noch einmal die letzte Version mit ihrem ursprünglichen Wunsch. Meist wird der Wunsch im Laufe des Spiels relativ stark verfremdet, ähnlich wie bei der „Stillen Post".		

4 Verkürzter *wenn*-Satz

SOZIALFORM	ABLAUF	MATERIAL	ZEIT
Einzelarbeit	Die TN schreiben ihre Wünsche analog zum Beispiel auf. Schreiben Sie mehrere verkürzte Wünsche der TN an die Tafel und lassen Sie die TN Gemeinsamkeiten erkennen. Fragen Sie nach dem *wenn*. Gehen Sie dann anhand der Grammatikübersicht im Kursbuch (→ KB 62/1b) auf die Wortstellung ein.		
Einzelarbeit	**AB 57/Ü8** Übung zu verkürzten irrealen Sätzen; auch als Hausaufgabe geeignet.		

Ich kann jetzt ...

SOZIALFORM	ABLAUF	MATERIAL	ZEIT
Einzelarbeit	Die TN markieren, was auf sie zutrifft.		
Gruppenarbeit	**VERTIEFUNG:** Motivationsplakat: Die TN schreiben ihren größten Wunsch, den sie bezüglich des Deutschlernens haben, auf und machen daraus ein Plakat. Wer will, kann auch Fotos aufkleben. So ein Motivationsplakat im Raum ist sehr wirkungsvoll. Gerade wenn die TN Gefahr laufen, sich von einer grammatischen Form oder einer Sprachblockade frustrieren zu lassen, kann man sich mithilfe eines Motivationsplakats wieder an das eigentliche große Ziel erinnern.	Plakate, Kleber, Fotos	

LESEN 1

1 In 10 Minuten erledigt?

SOZIALFORM	ABLAUF	MATERIAL	ZEIT
Einzelarbeit	a) Die TN markieren, was sie in 10 Minuten erledigen können. **TIPP:** Erzählen Sie den TN, wie gut das Prinzip „nur 10 Minuten" auf das Unterbewusstsein wirkt. Wenn sie sich sagen: „Heute lerne ich nur 10 Minuten die Vokabeln der letzten Kursstunde", dann können sie sich viel leichter motivieren als bei der unbestimmten Aussage „Ich muss noch Deutsch machen." Meistens lernt man sogar länger als 10 Minuten, ganz freiwillig ohne große Überwindung.		

Gruppen-arbeit	b) Die TN sprechen zu viert über ihre Ergebnisse. Wenn eine Gruppe schneller fertig ist, können diese TN auch weitere Aktivitäten hinzufügen, die sie in 10 Minuten schaffen können (oder nicht).		

2 Speed-Dating mit dem Chef

SOZIALFORM	ABLAUF	MATERIAL	ZEIT
Plenum	a) Die TN äußern ihre Vermutungen.		
Plenum Einzelarbeit	b) Erklären Sie zunächst, wie man Texte überfliegt: Achten Sie auf Überschriften, Abbildungen und Zahlen. Lesen Sie dann den ersten Absatz komplett und von den weiteren Abschnitten nur noch den ersten Satz. Zum Schluss lesen Sie den letzten Absatz komplett. Die TN überfliegen den Zeitungsbericht und überprüfen ihre Vermutungen.		
Einzelarbeit Plenum Partnerarbeit	c) Die TN lesen den Text gründlich und markieren, was richtig und was falsch ist, und korrigieren die falschen Aussagen. Kontrolle im Plenum. *Lösung: 1 richtig, 2 richtig, 3 falsch: 12 Bewerber, 4 richtig, 5 falsch: Termin zu einem weiteren Vorstellungsgespräch, 6 falsch: Arbeitssuchenden* **VERTIEFUNG:** Lassen Sie die TN doch einmal selbst die Methode des **Speed-Datings (Glossar → S. 167)** ausprobieren. Die TN gehen zu zweit zusammen und überlegen sich eine Stelle, auf die sie sich gern bewerben würden. Einer von beiden ist der Chef, der andere der Bewerber. Die Lernpartner setzen sich gegenüber an einen Tisch. Kopieren Sie die Kopiervorlage Lektion 5 für alle TN und klären Sie ggf. Wortschatzfragen. Geben Sie den TN zunächst Zeit, sich Notizen zu machen. Die TN führen dann die Bewerbungsgespräche durch. Machen Sie den TN bewusst, dass sie sich als kompetenter Gesprächspartner präsentieren und möglichst nicht nur mit „ja" antworten sollen. Es geht darum, sich selbst / sein eigenes Können möglichst positiv zu verkaufen! Gehen Sie herum und helfen Sie bei Wortschatzfragen und Formulierungen. Die TN wechseln nach einem Durchgang die Rollen. Wenn Sie möchten, können Sie auch einen zweiten Durchgang starten; die Bewerber wechseln dann jeweils zu einem anderen Chef und müssen sich spontan für den neuen Beruf etwas ausdenken. Die TN wechseln nach einer Weile wieder die Rollen.	 Kopiervorlage Lektion 5	
Einzelarbeit	**AB 58/Ü9** Wortschatzübung zum Thema „Chef-Dating": Die TN ergänzen die Lücken und hören das Telefongespräch zur Kontrolle; auch als Hausaufgabe geeignet.	3 🔊 26	

3 *damit – um ... zu*

SOZIALFORM	ABLAUF	MATERIAL	ZEIT
Einzelarbeit Plenum	a) Die TN notieren die Satzart und markieren die Subjekte. Kontrolle im Plenum. *Lösung:* 1 Nebensatz: *Damit **die Arbeitgeber** ...;* Hauptsatz: *... müssen sich **die Bewerber** kurzfassen.* 2 Hauptsatz: ***Die Bewerber** haben ...;* Nebensatz: *..., um ihren Werdegang im Eiltempo zu erzählen.*		
Einzelarbeit Plenum	b) Die TN ergänzen die Regel. Kontrolle im Plenum. *Lösung: 1 damit, 2 um ... zu*		

Einzelarbeit Plenum	c) Die TN markieren, was die Sätze ausdrücken. Kontrolle im Plenum. *Lösung: eine Absicht oder ein Ziel* Weisen Sie die TN auf die Grammatikübersicht im Kursbuch (→ KB 62/2a+b) hin.		
Einzelarbeit Plenum	d) Die TN lesen die Satzanfänge und den jeweiligen Abschnitt im Zeitungsbericht noch einmal. Dann ergänzen sie mit eigenen Worten. Kontrolle im Plenum. *Lösungsvorschlag: 1 in kürzester Zeit mit vielen Bewerbern zusammenkommen. 2 um sich kennenzulernen. 3 um einen bleibenden Eindruck zu hinterlassen.*		
Einzelarbeit	**AB 58/Ü10** Grammatikübung: Zielsetzungen erkennen; welche Sätze kann man mit *damit*, welche mit *um ... zu* weiterführen?		
Einzelarbeit	**AB 59/Ü11** Sätze mit *um ... zu;* auch als Hausaufgabe geeignet.		
Einzelarbeit	**AB 59/Ü12–13** Ratschläge/Tipps mit *um ... zu* oder *damit*; auch als Hausaufgabe geeignet.		

Ich kann jetzt ...

SOZIALFORM	ABLAUF	MATERIAL	ZEIT
Einzelarbeit	Die TN markieren, was auf sie zutrifft.		
Plenum	**VERTIEFUNG:** Fragen Sie die TN, was heute im Unterricht behandelt wurde und wie lange jede Phase gedauert hat. Haben die TN die Phasen als lang oder als kurz empfunden? Fragen Sie die TN, woran es liegen könnte, dass man Zeit unterschiedlich empfindet.		

WORTSCHATZ

1 Ein Lebenslauf

SOZIALFORM	ABLAUF	MATERIAL	ZEIT
Einzelarbeit Plenum	a) Die TN ordnen die Verben zu. Machen Sie sie darauf aufmerksam, dass manchmal auch mehrere Verben passen können. Kontrolle im Plenum. *Lösungsvorschlag: eine Schule besuchen, eine Berufsausbildung machen, ein Studium absolvieren, einen Praktikumsplatz suchen/finden, die Ausbildung mit einer Prüfung abschließen, in einer Firma eingestellt werden, ein Gehalt bekommen, Lohn- oder Einkommenssteuer bezahlen, als Arbeitnehmer sozialversichert sein, gekündigt werden, sich arbeitslos melden, (k)eine Stelle bekommen/suchen/finden, in Rente gehen/sein*		
Gruppenarbeit	b) Die TN erfinden Lebensläufe für eine der Personen und bilden reihum je einen Satz. Sie variieren die Satzanfänge. **VERTIEFUNG:** Die Gruppen suchen Fotos von berühmten Personen aus dem Internet und raten, was diese von Beruf sind / waren und / oder welchen Lebensweg sie gegangen sind.	Fotos berühmter Personen	
Einzelarbeit	**AB 60/Ü14** Wortschatzübung zum Thema „Lebenslauf"; auch als Hausaufgabe geeignet.		

2 Quiz zum Thema *Berufstätigkeit*

SOZIALFORM	ABLAUF	MATERIAL	ZEIT
Partnerarbeit	Die TN lösen das Quiz in Partnerarbeit und zählen ihre richtigen Antworten. **VERTIEFUNG:** Die Lernpartner schreiben weitere Quizfragen und -antworten mithilfe des Lernwortschatzes im Arbeitsbuch (→ AB 67) auf und tauschen sich mit zwei anderen Lernpartnern aus.		
Einzelarbeit	**AB 60/Ü15** Wortschatzübung zum Thema „Berufstätigkeit"; auch als Hausaufgabe geeignet.		
Plenum	Ein TN liest den Text in *Wussten Sie schon?* vor. Fragen Sie die TN, welche Erfahrungen sie mit Beamten im deutschsprachigen Raum / in ihrem Heimatland gemacht haben.		
Plenum	**AB 61/Ü16** Erweiterungsübung zu *Wussten Sie schon?*: Gründe für Beamtenwitze. **TIPP:** Die Arbeit mit Witzen kommt oft viel zu kurz, dabei sind Witze auflockernd, bringen Leichtigkeit in den Unterricht, schulen das Gedächtnis und das richtige Vortragen. Dass die Pointe manchmal nicht verstanden wird, hängt vom Sprachniveau und dem Hintergrund des Witzes ab. Den Witz in Übung 17 können die TN sicherlich verstehen. Mit einem Witz kann man auch in ein neues Thema einsteigen, Grammatik analysieren, das Gedächtnis trainieren, Diktate schreiben lassen, das Erzählen in der Fremdsprache üben u.v.m. Überlegen Sie immer gemeinsam, was schwierig an einem Witz ist: die Grammatik, eine bestimmte Redewendung, etc.? Besprechen Sie diese Problematik, dann ist der Witz meist leichter verständlich. Weisen Sie darauf hin, dass Witze von „Betroffenen" aber auch als diskriminierend empfunden werden können.		

3 Zum Taxifahren braucht man ...

SOZIALFORM	ABLAUF	MATERIAL	ZEIT
Einzelarbeit Plenum Gruppenarbeit	a) Die TN sehen die Fotos an und ergänzen die Tätigkeiten. Kontrolle im Plenum. *Lösung:* 2. Bild: *Zum Programmieren,* 3. Bild: *Zum Verbinden,* 4. Bild: *Zur Kinderbetreuung* **VERTIEFUNG:** Die TN arbeiten jeweils nur an einem Foto und versuchen, mithilfe des Wortschatzes im Kursbuch (→ KB 56/1a) den Lebenslauf dieser Person zu rekonstruieren.		
Partnerarbeit Plenum	b) Die TN bilden die nominalisierten Infinitive und ergänzen die Sätze. Kontrolle im Plenum. Weisen Sie die TN auch auf die Grammatikübersicht im Kursbuch (→ KB 62/2c) hin. Dann bilden die TN weitere Sätze. *Lösungsvorschlag: 2 Zum Zeichnen braucht sie ein Lineal, einen Zirkel, einen Bleistift und einen Rechner für den Maßstab. 3 Zum Schneiden braucht er eine Schere und einen Kamm und zum Färben Farbe. 4 Zum Kochen braucht er Gemüse, Fleisch, Gewürze und Geschirr.*		
Einzelarbeit	**AB 61/Ü17** Übung zu *zum* + nominalisierter Infinitiv; auch als Hausaufgabe geeignet.		
Einzelarbeit	**AB 61/Ü18** Schreibübung zum Gebrauch von Gegenständen; auch als Hausaufgabe geeignet.		

Ich kann jetzt ...

SOZIALFORM	ABLAUF	MATERIAL	ZEIT
Einzelarbeit	Die TN markieren, was auf sie zutrifft.		
Einzelarbeit Plenum Gruppen-arbeit	**VERTIEFUNG 1:** Jede/r TN schreibt vier bis fünf Punkte ihres/seines Lebenslaufes mithilfe des Wortschatzes im Kursbuch (→ KB 56/1a) auf einen Zettel. Dazu schreibt sie/er auch, was sie/er unbedingt noch mal beruflich machen möchte. Der Zettel wird an die Brust geheftet, dann laufen alle durch den Raum. Jede/r sucht sich eine Lernpartnerin / einen Lernpartner, unterhält sich und stellt die Lernpartnerin / den Lernpartner danach einem weiteren „Paar" vor, etc.	Klebeband zum Anheften, Zettel	
Plenum	**VERTIEFUNG 2:** Berufspantomime: Je zwei Lernpartner stellen einen Beruf dar. Die anderen raten und sagen, was man für diese Tätigkeit braucht.		

SPRECHEN

1 Small Talk: Gespräch über Berufe

SOZIALFORM	ABLAUF	MATERIAL	ZEIT
Partnerarbeit	a) Die TN formulieren Fragen zur Ausbildung und zum Lebenslauf der Pilotin.		
Einzelarbeit Plenum	b) Die TN hören das Gespräch und notieren die Fragen des Gastes und sammeln dann im Kurs. Wenn genug Zeit ist, können die TN ihre Fragen mit denen des Gastes vergleichen. *Lösung: Was machst du denn beruflich? / Wie bist du auf die Idee gekommen, Pilotin zu werden? / Das ist ja eher so ein typischer Männerberuf, oder? / Was braucht man denn da für Voraussetzungen? / Wie lange dauert die Ausbildung? / Und ist es jetzt dein Traumjob?*	2 🔊 6	
Einzelarbeit Plenum	c) Die TN hören noch einmal das Gespräch und ergänzen die Satzanfänge mit ihren eigenen Worten. Kontrolle im Plenum. *Lösungsvorschlag: 2 Mich persönlich hat Fliegen jedenfalls immer interessiert. 3 Ich habe mich nach dem Abi informiert und mich bei der Lufthansa um einen Ausbildungsplatz beworben. 4 Erst mal wird man getestet. 5 Es macht Spaß. Man kommt in der ganzen Welt herum. 6 Es kann aber auch manchmal etwas anstrengend sein. 7 Ich möchte vielleicht später nicht mehr so viele weite Flüge machen.*	2 🔊 6	
Einzelarbeit	**AB 62/Ü19** Erweiterte Zuordnungsübung / Synonyme; die TN ordnen zu und hören zur Kontrolle; auch als Hausaufgabe geeignet.	3 🔊 27	

2 Und was machst du beruflich?

SOZIALFORM	ABLAUF	MATERIAL	ZEIT
Einzelarbeit	a) Die TN überlegen sich, welche Punkte in ihrem Berufsleben interessant für Small Talk wären und machen sich dazu Stichpunkte.		
Plenum Partnerarbeit	b) Die TN lesen den Tipp zur Gesprächsstrategie „Small Talk". Bitten Sie die TN, diesen in den folgenden Gesprächen umzusetzen. Die TN gehen zu zweit zusammen und unterhalten sich über ihre (Fantasie-)Berufe.		

Einzelarbeit Partnerarbeit Plenum	**VERTIEFUNG:** Die TN schreiben ihren beruflichen Steckbrief mit den folgenden Stichpunkten und bauen dabei eine **Lüge (Glossar → S. 166)** mit ein: 1 Das wollte ich als Kind schon machen, 2 Diese Ausbildungen/Abschlüsse habe ich, 3 In folgenden Berufen/Jobs habe ich schon Erfahrungen gesammelt. Den Steckbrief hängen sich alle um und gehen im Raum herum. Immer zwei Lernpartner kommen zusammen und überlegen gemeinsam, was die Lüge sein könnte und notieren sich diese auf einem Extrablatt. Erst zum Schluss wird aufgelöst.	Schnüre oder Sicherheits-nadeln, Zettel	
Einzelarbeit	**AB 63/Ü20** Übung zu den Redemitteln „Über den Beruf/Berufswunsch sprechen"; auch als Hausaufgabe geeignet.		
Einzelarbeit Plenum	**AB 63/Ü21** Spiel: Die TN schreiben über ihren Traumberuf und achten dabei auch auf die Anwendung der gelernten Redemittel. Später wird im Plenum geraten, welcher TN welchen Text geschrieben hat.		

Ich kann jetzt ...

SOZIALFORM	ABLAUF	MATERIAL	ZEIT
Einzelarbeit	Die TN markieren, was auf sie zutrifft.		

LESEN 2

1 Die LECKERO-GmbH

SOZIALFORM	ABLAUF	MATERIAL	ZEIT
Plenum	a) Die TN entscheiden, was für eine Textsorte das ist und wo man sie findet. Machen Sie deutlich, warum es sinnvoll ist, sich die Textsorte bewusst zu machen: Texte werden auf unterschiedliche Weise gelesen. Schon vor dem Beginn des Leseprozesses stellt sich das Gehirn sozusagen auf einen Text ein, weil eine Textsorte gewisse Erwartungen an Inhalt, aber auch an die Strukturierung eines Textes weckt. *Lösung: Ausbildungsangebot/Stellenanzeige; steht im Internet oder in bestimmten Zeitungen*		
Plenum Einzelarbeit Plenum	b) Wiederholen Sie noch einmal die Technik des Überfliegens: 1 Überschriften und Abbildungen ansehen. 2 Den ersten Absatz komplett lesen, bei allen weiteren nur den ersten Satz. Die TN überfliegen den Text und markieren, welche Aussagen richtig sind. Kontrolle im Plenum. *Lösung: 2, 3*		
Einzelarbeit	**AB 63/Ü22** Wortschatzübung zur Stellenanzeige im KB; auch als Hausaufgabe geeignet.		
Einzelarbeit Partnerarbeit	**AB 64/Ü23** Wortschatzarbeit zu beruflichen Zielen mit Redemitteln. Nachdem die Übung schriftlich erledigt wurde, eignet sie sich auch gut als Partner-Sprechübung.		

Einzelarbeit Plenum	c) Die TN lesen die Anzeige noch einmal gründlich im Detail und ergänzen die Tabelle. Kontrolle im Plenum. Weisen Sie darauf hin, dass man mithilfe dieser Tabelle Stellenanzeigen generell durcharbeiten und für sich besser "handhabbar" machen kann – nicht immer ist die Darstellung so übersichtlich wie in diesem Fall. *Lösung:* Angebote: *Ausbildungsplätze in der Gastronomie, systematische Einarbeitung in alle Bereiche des Restaurantbetriebs, qualifiziertes Training im Service-Bereich, kaufmännisches Wissen;* Anforderungen: *Kaufmännisches Interesse, abgeschlossene Schulausbildung, Deutschkenntnisse auf B2-Niveau, Kenntnisse im Umgang mit MS-Office*		
Gruppenarbeit	d) Die TN erzählen, ob und warum sie die Anzeige interessant finden oder nicht und sprechen über die Vorteile und Nachteile einer Ausbildung in einer Firma. *Lösungsvorschlag: Vorteile: praxisorientiert, schnellere Übernahme und Aufstiegschancen; Nachteile: Bindung an die Firma, sehr spezialisiert und auch festgelegt*		
Gruppenarbeit Plenum	**TIPP 1:** Weitere Aspekte des Themas Stellenanzeigen werden auch in einem EXTRA BERUF (KB 73–76) vertieft. Für viele TN ist die Jobsuche ein konkretes Anliegen, das sich hervorragend für die Spracharbeit eignet, weil es authentisch ist. Bieten Sie den TN deshalb doch einen „Berufsfindungstag“ an: 1 Vorbereitung: Bringen Sie Stellenanzeigen aus der Zeitung oder dem Internet mit. 2 Die TN lesen die mitgebrachten Anzeigen und diskutieren über Vor- und Nachteile der Stellen. Sie bilden Gruppen und entscheiden sich für eine Anzeige. 3 Die TN bereiten ein mögliches Telefonat vor: *Welche Informationen sind noch nötig? Welche Unterlagen werden gebraucht? Wie ist die genaue Adresse? Was wollen sie unbedingt schon am Telefon berichten?* etc. 4 Die TN spielen in Rollenspielen die Telefongespräche durch. 5 Wer sich traut, spielt sein Telefonat im Plenum vor. Das Telefonat wird ausgewertet. **TIPP 2:** Nach Möglichkeit kann in der Gruppe das Telefongespräch auch real durchgeführt werden, wenn sich ein/e TN gerade wirklich für eine der mitgebrachten Stellenanzeigen interessiert und sich zutraut, das Gespräch zu führen. **TIPP 3:** Etwas real durchzuführen und auszuprobieren ist für alle sehr aufregend, weil echte Kommunikation stattfindet. Geben Sie ein ausführliches Feedback und bleiben Sie dabei so positiv wie möglich.	Stellenanzeigen aus Zeitungen oder dem Internet	

Ich kann jetzt ...

SOZIALFORM	ABLAUF	MATERIAL	ZEIT
Einzelarbeit	Die TN markieren, was auf sie zutrifft.		

SCHREIBEN

1 Ein Bewerbungsschreiben

SOZIALFORM	ABLAUF	MATERIAL	ZEIT
Plenum	a) Die TN lesen den Brief und überlegen, wer an wen schreibt und warum. Fragen Sie die TN, wie sie beim Lesen vorgegangen sind. Wer hat die effizienteste Strategie benutzt, um die gestellten Fragen zu beantworten? Machen Sie den TN so noch einmal deutlich, dass die Art des Lesens durch die Fragestellung beeinflusst wird und dass sich dies auch in der Herangehensweise der TN an einen Text widerspiegeln sollte. *Lösung: Milo Serdan schreibt an Nicole Heilmann, weil er die Stellenanzeige gelesen hat und sich bewerben möchte.*		
Plenum Einzelarbeit	b) Fragen Sie die TN, welche Formulierungen umgangssprachlich/unpassend sind. Geben Sie selbst ein Beispiel vor, zum Beispiel *Was Sie schreiben, klingt ziemlich cool.* Die TN nennen weitere Beispiele. Danach markieren sie umgangssprachliche Formulierungen im Brief. Kontrolle im Plenum. *Lösung: Was Sie schreiben, klingt ziemlich cool / unsere Lehrerin uns alles alleine entscheiden und machen ließ / sagt mir natürlich was / gehen auch völlig in Ordnung / Und fragen Sie ruhig mal meine Leute / wenn wir mal persönlich ein bisschen miteinander reden könnten / Die allerbesten Grüße*		
Einzelarbeit	**AB 64/Ü24a** Formulierungsstilübung für Bewerbungsbriefe; auch als Hausaufgabe geeignet.		
Einzelarbeit Plenum	c) Die TN gehen die einzelnen Formulierungen durch und versuchen, den Brief zu korrigieren. Kontrolle im Plenum. *Lösung: Was Sie schreiben, klingt ziemlich cool – Ihre Anzeige hat mein Interesse geweckt / unsere Lehrerin uns alles alleine entscheiden und machen ließ – wir meist selbst Gerichte zusammenstellen, den Einkauf planen und ausführen und das Essen zubereiten konnten / sagt mir natürlich was – ist mir durchaus bekannt / gehen auch völlig in Ordnung – bereiten mir keinerlei Probleme / Und fragen Sie ruhig mal meine Leute, die – Freunde, Bekannte und Lehrer / wenn wir mal persönlich ein bisschen miteinander reden könnten – Sie mir die Möglichkeit zu einem Vorstellungsgespräch geben würden / Die allerbesten Grüße – mit freundlichen Grüßen* **LANDESKUNDE:** Im deutschsprachigen Raum hat die Bewerbungsmappe einen sehr hohen Stellenwert. Sie entscheidet oft darüber, ob eine Personalchefin/ein Personalchef jemanden überhaupt zum Gespräch einlädt. Schon das Äußere der Mappe ist wichtig, die Farbe, die Form etc. Zu einer Bewerbungsmappe gehören ein aussagekräftiges, individuelles Anschreiben, ein Lebenslauf und Zeugnisse bzw. Empfehlungsschreiben und Beurteilungen. Mittlerweile nimmt aber auch die Online-Bewerbung zu. Dabei spielen wieder ganz andere Kriterien eine Rolle. Da die „Hülle“ wegfällt, muss man andere Mittel finden, um auf sich aufmerksam zu machen. Sehr wichtig ist es zum Beispiel, dass man nicht an die allgemeine E-Mail-Adresse der Firma schreibt, sondern ganz genau recherchiert, wer für Neueinstellungen zuständig ist und an wen man genau seine Bewerbung richten muss. Ein bedeutender Punkt ist auch die Betreffzeile, damit die E-Mail überhaupt geöffnet wird. Ein persönliches Telefonat, auf das man sich beziehen kann, ist bei der Online-Bewerbung auch sehr von Vorteil.		

Einzelarbeit Plenum	**INTERKULTURELLES:** Fragen Sie die TN, wie üblich Bewerbungsanschreiben in ihren Ländern sind. Oder ist es üblich, direkt bei der Firma, bei der man sich bewerben will, vorbeizuschauen?		

2 Eine Bewerbung schreiben

SOZIALFORM	ABLAUF	MATERIAL	ZEIT
Einzelarbeit	**AB 64/Ü24b** Übung zum Aufbau eines Bewerbungsbriefes, auch als Vorentlastung geeignet. **TIPP:** Weitere Aspekte des Themas Bewerbungsunterlagen finden Sie auch in einem EXTRA BERUF zum Thema Berufsberatung (KB 21–24).		
Gruppen- arbeit	**VERTIEFUNG 1:** Die TN verfassen ein Quiz zum Bewerbungsschreiben mit Fragen und jeweils drei Antworten, von denen nur eine richtig ist. Mögliche Fragen wären zum Beispiel: *Womit beginnt man ein Bewerbungsschreiben? Was sollte im Bewerbungsschreiben nicht stehen? Wie ist die Anrede, wenn ich die Person nicht kenne? Welche Grußformel ist richtig? Was schreibt man als Betreff?* etc. **VERTIEFUNG 2:** Die TN stellen eine Checkliste für das Erstellen eines Bewerbungsschreibens zusammen: Aus welchen Teilen besteht es? → Eigene Anschrift, Anschrift der Firma, Datum, Betreff, Anrede, Einleitung, Quelle der Anzeige, Grund der Bewerbung, Qualifikation, Berufserfahrung, die eigenen Stärken, Erwartung, Gruß, Anlagen. Sie heften die Checkliste in ihre Portfoliomappe ab.		
Einzelarbeit	Die TN nutzen die mitgebrachten oder die von Ihnen zur Verfügung gestellten Anzeigen und schreiben mithilfe der Checkliste (→ Vertiefung 2) ein Bewerbungsschreiben. Dies ist alternativ auch als Hausaufgabe möglich.	Stellenanzeigen aus Zeitungen oder dem Internet	

Ich kann jetzt ...

SOZIALFORM	ABLAUF	MATERIAL	ZEIT
Einzelarbeit	Die TN markieren, was auf sie zutrifft.		
Gruppen- arbeit	Die TN arbeiten mit der Checkliste (→ Vertiefung 2) und korrigieren gegenseitig ihre Bewerbungsbriefe. Sind alle wichtigen Informationen über die Ausbildung und Berufserfahrung enthalten? **TIPP:** Bewerbungen zu schreiben, ist schon in der Muttersprache eine große Herausforderung, in der Fremdsprache jedoch ist es unmöglich, auf diesem Niveau ein perfektes Anschreiben zu formulieren. Loben Sie die TN daher ausgiebig für ihr Engagement und die Ergebnisse.		

SEHEN UND HÖREN 2

1 Starke Männer?

SOZIALFORM	ABLAUF	MATERIAL	ZEIT
Plenum	a) Die TN sehen sich die Fotos an und äußern ihre Vermutungen.		
Plenum	b) Die TN äußern Ihre Meinung und geben eine Begründung an.		

2 Zwei Wege

SOZIALFORM	ABLAUF	MATERIAL	ZEIT
Einzelarbeit Plenum	a) Die TN sehen sich den Film ohne Schluss an und markieren, um welche Art von Film es sich ihrer Vermutung nach handelt. *Lösung: Werbefilm*	20	
Einzelarbeit Plenum	b) Die TN besprechen im Plenum, wer im jeweiligen Teil des Filmes im Mittelpunkt steht.		
Einzelarbeit Plenum	c) Die TN sehen den Film erneut ohne Schluss an und ordnen die Begriffe den Personen zu. Danach beschreiben sie die beiden Lebensformen. *Lösung:* ***Person A:*** *früh aufstehen, eigene Wohnung, nette Freundin, erfülltes Arbeitsleben, Geld verdienen, angenehme Freizeit, zufrieden sein, ein Auto haben, sich etwas leisten können.* ***Person B:*** *betrunken sein, sich langweilen, bei der Mutter wohnen, sehr spät nach Hause kommen, ins Fitnessstudio gehen, frustriert und lustlos sein, keine Perspektive sehen*	20	
Plenum	d) Die TN äußern ihre Vermutungen, wie der Film ausgeht. Sammeln Sie die Vorschläge stichwortartig an der Tafel. Bei Interesse können die TN abstimmen, welchen Schluss sie für am wahrscheinlichsten halten.		

3 Die Aussage

SOZIALFORM	ABLAUF	MATERIAL	ZEIT
Plenum	Die TN sehen sich nun den ganzen Film an und diskutieren anschließend mit Hilfe der Redemittel darüber, was der Film aussagen will, wen er ansprechen soll und wie ihnen der Film gefallen hat.	21	
Einzelarbeit	**AB 65/Ü25** Landeskundliche Informationen zum Dualen System als Lesetext, angelehnt an *Wussten Sie schon?* im Kursbuch (→ KB 61/3); auch als Hausaufgabe geeignet.		

Mein Dossier

SOZIALFORM	ABLAUF	MATERIAL	ZEIT
Einzelarbeit	**AB 65/Ü26** Fotos zum Thema „Interessante Berufe" sammeln und kommentieren; auch als Hausaufgabe geeignet.	Fotos	

Ich kann jetzt ...

SOZIALFORM	ABLAUF	MATERIAL	ZEIT
Einzelarbeit	Die TN markieren, was auf sie zutrifft.		

AUSSPRACHE: Wortakzent (Arbeitsbuch → AB 66)

1 Hören Sie die Wörter. Welche Silben sind betont? Markieren Sie und lesen Sie dann die Wörter laut.

SOZIALFORM	ABLAUF	MATERIAL	ZEIT
Plenum	a) Die TN hören die Wörter und markieren die betonten Silben. Alternativ können sie die betonten Silben auch durch Klopfen oder Klatschen aufzeigen und beim Nachsprechen mitmachen. **TIPP:** Alle trennbaren Verben haben die Betonung auf der ersten Silbe, diese Silbe kann als eigenes Wort allein stehen; alle nicht trennbaren Verben haben ihre Betonung auf der zweiten Silbe. Diese Silbe kann nicht allein als Wort stehen. **TIPP:** Die betonten Silben sind lauter, melodisch abgesetzter, gespannter und deutlicher sowie insgesamt etwas länger als die unbetonten, die leiser, schlaffer und ungenauer gesprochen werden. Nutzen Sie viele Hörbeispiele, um den TN die Unterscheidung zu verdeutlichen und ihnen ein Gefühl für die Sprache zu vermitteln.	3 🔊 28	
	b) Die TN verfahren hier genauso wie bei Übung a. Deutsche Wörter werden auf der ersten Silbe betont, viele Fremdwörter in der Regel auf der letzten Silbe.	3 🔊 29	

2 Zusammengesetzte Nomen

SOZIALFORM	ABLAUF	MATERIAL	ZEIT
Einzelarbeit	a) Die TN hören die Wörter und ergänzen sie.	3 🔊 30	
Plenum	b) Die TN markieren die betonten Wörter. Zusatz: Die TN „erlaufen" die Wörter: Alle betonten Wörter werden mit einem größeren Schritt durchgeführt. **TIPP:** Bei Komposita wird in der Regel der erste Teil, das Bestimmungswort, betont.	3 🔊 30	

3 „Brummen"

SOZIALFORM	ABLAUF	MATERIAL	ZEIT
Einzelarbeit Plenum	a) Die TN markieren die gebrummten Wörter. Schreiben Sie danach die Wörter an die Tafel, klatschen Sie die Wörter einmal allein vor und dann mit der Gruppe zusammen.	3 🔊 31	
Einzelarbeit	b) Die TN ordnen die Wörter den Betonungsmustern zu.		
Partnerarbeit Plenum	c) Die TN brummen sich gegenseitig etwas vor. **TIPP:** Für manche TN ist das Brummen nicht angenehm bzw. sie können es nicht gut. Geben Sie Alternativen: summen, mit *lalala* sprechen etc.		

LERNWORTSCHATZ (Arbeitsbuch → AB 67)

SOZIALFORM	ABLAUF	MATERIAL	ZEIT
Einzelarbeit	**LERNSTRATEGIE-TIPP 5:** Eine Möglichkeit, den Wortschatz zu erweitern und im Langzeitgedächtnis zu speichern, ist, die Adjektive immer gleich mit dem Gegenteil zu lernen, zum Beispiel *staatlich – privat, berufstätig – arbeitslos, anstrengend – leicht*. Geben Sie den TN ein paar Beispiele vor und lassen Sie die TN selbst weitere Beispiele finden.		

LEKTIONSTEST 5 (Arbeitsbuch → AB 68)

SOZIALFORM	ABLAUF	MATERIAL	ZEIT
Einzelarbeit	Mithilfe des Lektionstests haben die TN die Möglichkeit, ihr neues Wissen in den Bereichen Wortschatz, Grammatik und Redemittel zu überprüfen. Wenn die TN mit einzelnen Bereichen noch Schwierigkeiten haben, können sie gezielt noch einmal einzelne Aspekte wiederholen.		

REFLEXION DER LEKTION

SOZIALFORM	ABLAUF	MATERIAL	ZEIT
Gruppenarbeit	Teilen Sie die TN in vier Gruppen zu folgenden Themen auf: 1. Redemittel zum Lebenslauf, 2. Small Talk-Redemittel über den eigenen Beruf, 3. Typische Formulierungen in Bewerbungsanschreiben, 4. Wortschatz „Ausbildung und Beruf“. Die TN sammeln zunächst ohne, im zweiten Schritt dann mit dem Lehrbuch den Wortschatz, schreiben ihn auf ein Plakat und hängen es im Raum auf. Jedes Plakat sollte eine passende Überschrift haben. Die TN suchen sich ein Plakat aus und formulieren passende Gespräche.	Plakate	
	VERTIEFUNG: Die TN schreiben einen Wunsch für die nächste Stunde auf, der wie im Beispiel aufgebaut ist. Beispiel: *Hätten wir nächste Stunde etwas Zeit, könnten wir den Konjunktiv II wiederholen.*		

EINSTIEG

Vor dem Öffnen des Buches

SOZIALFORM	ABLAUF	MATERIAL	ZEIT
Plenum Gruppen- arbeit	Bringen Sie Hörproben verschiedener Musikrichtungen mit (von Klassik bis Pop). Machen Sie zunächst Wortigel an der Tafel, um Redemittel zu sammeln: *Welche Musikformen gibt es? (Pop, Rock, Klassik, Volksmusik, Kinderlieder, Techno, Rap* etc.*) Wie kann Musik sein? (laut, aggressiv, entspannend, schrecklich* etc.*)* Teilen Sie den Kurs in Kleingruppen auf und spielen Sie die verschiedenen Musikstile nacheinander für alle ab. Geben Sie zwischen den Titeln Zeit zum Diskutieren und schreiben Sie die Fragen *Was für eine Musik ist das? Wie finden Sie die Musik (gefällt mir nicht/gut/total; mag ich überhaupt nicht; ist mir zu ...)? An was denken Sie, wenn Sie die Musik hören?* an die Tafel. Die TN besprechen in Kleingruppen. **TIPP:** Musik ist etwas sehr Individuelles. Was dem einen sehr gut gefällt, ist für den anderen furchtbar. Deshalb ist es wichtig, den Gruppen zu sagen, dass auch die Meinungsäußerung darüber individuell sein sollte (*Mir gefällt es nicht* – anstatt *Solche Lieder sind total doof.*). Auch aus diesem Grund sollte diese Diskussion nicht in der großen Runde geführt werden.	Musikbeispiele verschiedener Musikstile	
Einzelarbeit	**AB 69/Ü1** Wortschatzwiederholung; diese Übung eignet sich gut als Vorentlastung der Aufgabe 1 (im Kursbuch).		

1 Über Musik sprechen

SOZIALFORM	ABLAUF	MATERIAL	ZEIT
Plenum	a)+b) Die TN sehen sich das Foto an und vermuten, welche Art von Musik die Band macht. Sie sagen danach, ob sie zu einem Konzert der Band gehen würden oder nicht.		
Plenum	c) Lesen Sie zunächst die Aufgabenstellung vor. **TIPP:** Lassen Sie sich von den TN noch einmal mit eigenen Worten erklären, was zu tun ist. Das ist besonders bei komplexeren Aufgabenstellungen wichtig. Erfahrungsgemäß bringt es nicht so viel, nur zu fragen, ob die Aufgabenstellung verstanden wurde. Die TN führen die Umfrage durch. Es ist besser, wenn alle TN dazu aufstehen und mit den Büchern durch den Raum gehen.		
Plenum	d) Die TN berichten von den Ergebnissen. Wird eine Band oder eine Musikerin / ein Musiker öfter als zweimal genannt, dann notieren Sie den Namen an der Tafel. Lassen Sie nach der Aktivität die beliebteste Kursband wählen. Fordern Sie die TN auf, Musik von dieser Band / der Musikerin / dem Musiker mitzubringen und diese vorzuspielen.	Musik der Lieblingsband	

HÖREN

1 Sommer in der Stadt

SOZIALFORM	ABLAUF	MATERIAL	ZEIT
Plenum	Die TN schauen sich das Bild an und äußern ihre Vermutungen.		

2 Ein besonderes Festival

SOZIALFORM	ABLAUF	MATERIAL	ZEIT
Einzelarbeit Plenum	a) Die TN hören den Vor-Ort-Bericht und streichen die Themen durch, die nicht angesprochen werden. Fragen Sie, wie die TN vorgegangen sind. Es besteht ja z. B. prinzipiell die Möglichkeit, auch bei so einer Aufgabenstellung zunächst alles, was angsesprochen ist, mit einem kleinen, dezenten Zeichen zu versehen und erst am Ende die nicht angesprochenen Themen durchzustreichen. *Lösung: Namen bekannter Sänger werden nicht angesprochen.*	2 🔊 7	
Einzelarbeit Plenum Gruppenarbeit	b) Die TN hören den Vor-Ort-Bericht erneut und markieren, welche Aussagen richtig oder falsch sind. Kontrolle im Plenum. Regen Sie die TN zu Äußerungen an. Fragen Sie z. B.: *Wer war schon einmal beim Bardentreffen in Nürnberg? Wer würde gern einmal dabei sein? Warum (nicht)?* *Lösung: 1R, 2R, 3F, 4R, 5R, 6F, 7R, 8F* **VERTIEFUNG:** Schreiben Sie Fragen an die Tafel. Die TN sprechen in Vierergruppen und berichten dann im Plenum. Beispiel: *Gehen Sie oft ins Konzert? / Sind Open-Air-Konzerte in ihrem Heimatland beliebt? / Welche Bands geben Open-Air-Konzerte? / etc.*	2 🔊 7	

3 Negationswörter

SOZIALFORM	ABLAUF	MATERIAL	ZEIT
Einzelarbeit Plenum	a) Die TN markieren alle Negationswörter. Kontrolle im Plenum. *Lösung: 3 niemanden, 4 nichts, 5 nie, 7 nirgendwo*		
Partnerarbeit Plenum Plenum	b) Die TN ergänzen das Gegenteil in Partnerarbeit. Kontrolle im Plenum. *Lösung: überall – nirgendwo, immer – nie, jeder / alle / jemand – niemand, alles / etwas – nichts* Weisen Sie die TN auf die Grammatikübersicht im Kursbuch (→ KB 72/1) hin und lesen Sie die Beispiele mit der **Echo-Methode (Glossar → S. 164)** vor: Lesen Sie den Satz, und alle TN sagen danach noch einmal das Negationswort, zum Beispiel „Die Besucherin hatte zuvor noch nichts vom Bardentreffen gehört." – „Nichts." Diese Aktivität sollte im Stehen mit Betonung und Pausen erfolgen.		
Einzelarbeit	**AB 69/Ü2** Grammatikwiederholung zu aus A2 bekannten Negationswörtern; auch als Hausaufgabe geeignet.		
Einzelarbeit	**AB 69–70/Ü3–4** Grammatikübungen zu den Negationswörtern; auch als Hausaufgabe geeignet.		

Ich kann jetzt ...

SOZIALFORM	ABLAUF	MATERIAL	ZEIT
Einzelarbeit	Die TN markieren, was auf sie zutrifft.		
Plenum	**VERTIEFUNG:** Malen Sie eine **Zielscheibe (Glossar → S. 168)** an die Tafel und schreiben Sie darüber *einem Vor-Ort-Bericht wichtige Informationen entnehmen.* Die TN markieren in der Zielscheibe, wie gut sie diese Fertigkeit nun beherrschen. Je näher am Zentrum der Scheibe, umso sicherer fühlen sie sich mit dem Neugelernten. Verfahren Sie mit der anderen *Ich kann jetzt ...*-Beschreibung genauso. So sehen Sie auf einen Blick, wo es noch einmal Übungsbedarf gibt.		

SCHREIBEN

1 Eine E-Mail beantworten

SOZIALFORM	ABLAUF	MATERIAL	ZEIT
Einzelarbeit	a) Die TN lesen die E-Mail und ergänzen ihren eigenen Namen und ihren Wohnort.		
Einzelarbeit Plenum	b) Die TN ordnen die Abschnitte der E-Mail zu. Kontrolle im Plenum. *Lösung: 1 Anrede, 2 Einleitung, 3 Hauptteil, 4 Schluss, 5 Gruß*		
Einzelarbeit Plenum	c) Danach ordnen sie die Redemittel den Abschnitten aus 1a zu. Kontrolle im Plenum. *Lösung: 1 Lieber Elias / Hi Hamid und Milena, 2 Vielen Dank für Deine / Eure E-Mail!, 3 Ich finde es toll, dass Du / Ihr ..., 4 Ich freue mich schon auf Deine / Eure Antwort, 5 Liebe Grüße / Bis dann, 6 Dein / Euer Nasser*		
Einzelarbeit	d) Die TN schreiben eine Antwort auf die E-Mail von Sara und gehen vor, wie im Kursbuch beschrieben. Weisen Sie die TN dabei auch auf den Tipp „Richtig schreiben" hin. Besprechen Sie, dass man auch den Schreibprozess in einzelne Schritte unterteilen sollte, da das Endergebnis so meist besser wird. Am Ende der Aktivität prüfen die TN, ob zu allen Inhaltspunkten etwas geschrieben wurde, der Aufbau des Briefes inhaltlich stimmt und der Brief formal richtig geschrieben ist. *Lösung:* Schritt 2: *2 ... passt mir auch gut, denn ...; 3 Ich habe eine Idee, wohin wir gehen könnten. ... ; 4 Am besten kommst Du mit ...*		
Einzelarbeit	**AB 70/Ü5** Übung zur Anwendung der Redemittel „Jemanden einladen" und „Eine Aktivität planen".		
Einzelarbeit	**AB 71/Ü6** Schreibübung: Anwendung der Redemittel im persönlichen Brief; auch als Hausaufgabe geeignet.		

Gruppen- arbeit Einzelarbeit	**VERTIEFUNG:** Die TN berufen eine **Schreibkonferenz (Glossar → S. 167)** ein und besprechen in Kleingruppen die verfassten Texte. Dabei liest zunächst ein TN ihren/seinen Text vor. Die anderen äußern sich anhand eines Fragenkatalogs, den Sie zuvor an die Tafel geschrieben haben: 1 *Habe ich verstanden, worum es im Text geht?* 2 *Sind die Inhalte korrekt?* 3 *Ist die Anrede etc. passend?* 4 *Was sollte ausführlicher beschrieben sein?* 5 *Ist der Schreibstil passend?* Dann wird der Text auf grammatische und orthografische Fehler hin gemeinsam untersucht. Die Autorin / Der Autor des Textes macht sich zu allem Notizen und verbessert die E-Mail.		

Ich kann jetzt ...

SOZIALFORM	ABLAUF	MATERIAL	ZEIT
Einzelarbeit	Die TN markieren, was auf sie zutrifft.		
Gruppen- arbeit	**VERTIEFUNG:** Lassen Sie Gruppen bilden. Jede Gruppe erhält ein Thema: 1 Anrede, Gruß und Unterschrift; 2 Einleitung; 3 Hauptteil; 4 Schluss. Die Gruppen sammeln zu ihrem Thema passende Redemittel und machen Plakate, die sie im Raum aufhängen .	Plakate	

WORTSCHATZ

1 Musikinstrumente

SOZIALFORM	ABLAUF	MATERIAL	ZEIT
Einzelarbeit Plenum	a) Die TN schreiben die passenden Musikinstrumente auf. Erfragen Sie danach auch Artikel und Plural. Kontrolle im Plenum. *Lösung: Geige, Gitarre, Schlagzeug, Flöte, Klavier*		
Einzelarbeit	b) Die TN hören und notieren. *Lösung: 2 Klavier, 3 Geige, 4 Schlagzeug, 5 Trompete, 6 Gitarre*	2 🔊 8	
Plenum	c) Die TN hören die Instrumente erneut. Stellen Sie die Fragen und haken Sie nach: Woran liegt es, dass man ein Instrument lieber hört als ein anderes? Lassen Sie die TN den Klang der Instrumente beschreiben (z. B. *weich, wie ein Vogel* ...) und sammeln Sie an der Tafel.	2 🔊 8	
Plenum	d) Die TN berichten, welche Musikinstrumente es in ihren Heimatländern gibt. Fragen Sie auch nach besonderen oder landestypischen Instrumenten. Bitten Sie die TN Bilder der Instrumente im Internet zu suchen und eventuell Filmausschnitte oder Audio-Dateien zu finden. Danach äußern sich die TN darüber, welches Instrument sie spielen oder gern spielen würden, wie lange sie schon üben und welche Musik sie am liebsten machen (würden).	eigene Instrumente Bilder von Instrumenten, Handy, Tablett, Internet	

	TIPP: Bitten Sie die TN, ihre Musikinstrumente, wenn möglich, zum Zeigen und ggf. Vorspielen mitzubringen. **VERTIEFUNG:** Schlagen Sie den TN vor, sich auf ein Lied zu einigen, das sie dann alle zusammen singen. Bitten Sie darum, Rasseln, Trommeln, Kochlöffel, Töpfe etc. von zu Hause mitzubringen, um das Lied musikalisch zu begleiten. Nehmen Sie das Stück auf. **TIPP:** Bei solchen Aktivitäten erfolgt sehr viel natürliche Kommunikation. Nutzen Sie sie, indem Sie auf Fehler achten und diese zu einem späteren Zeitpunkt in anonymisierter Form korrigieren.	Trommel, Rassel, Tamburin, Topf, ...	
Einzelarbeit	**AB 71/Ü7** Wortschatzübung; auch als Hausaufgabe geeignet. **VERTIEFUNG:** Nach der Erarbeitung ist es möglich, mithilfe des sortierten Wortschatzes kleine Anzeigen zu verfassen, wie zum Beispiel *Neue Band sucht Sänger.*		

2 Musik genießen

SOZIALFORM	ABLAUF	MATERIAL	ZEIT
Plenum	a) Klären Sie, wenn nötig, wo die Stadt Köln liegt. Zeigen Sie sie auf einer Karte. Die TN nennen mithilfe der angegebenen Redemittel mögliche Aktivitäten. **VERTIEFUNG:** Suchen Sie im Plenum weitere Musikverben wie *rappen, jazzen* etc. Die TN schreiben ein Werbeplakat für ihre (Heimat)Stadt.	Karte	
Einzelarbeit	b) Die TN markieren die Aktivitäten, die ihnen gefallen würden.		
Partnerarbeit	c) Die TN einigen sich mithilfe der Redemittel auf eine gemeinsame Aktivität am Abend.		
Partnerarbeit Plenum	**VERTIEFUNG 1:** Die TN planen die ausgewählte Aktivität genauer. Helfen Sie bei Schwierigkeiten. **TIPP:** Die Kommunikation verläuft lebendiger, wenn die TN sich wirklich zu einer Veranstaltung verabreden oder es zumindest konkrete Kulturangebote gibt. Bringen Sie deshalb Prospekte und aktuelle Kulturprogramme mit in den Kurs. Verteilen Sie alle Informationsbroschüren auf einem Tisch. Die Lernpartner wählen eine aus und sprechen miteinander, wo sie hingehen und was sie vorher und nachher noch tun könnten. **VERTIEFUNG 2:** Machen Sie im Anschluss im Kurs einen Wochenplan: *Dienstag 20:00 Uhr Klezmer-Konzert (Selma und Karo)* etc. Betrachten Sie dann zusammen den Wochenplan und sprechen Sie mit den TN: *Was klingt interessant? Wer will sich wem noch anschließen?*	Prospekte, aktuelles Kulturprogramm	

Ich kann jetzt ...

SOZIALFORM	ABLAUF	MATERIAL	ZEIT
Einzelarbeit	Die TN markieren, was auf sie zutrifft.		
Plenum	**VERTIEFUNG 1:** Die TN nennen die Musikinstrumente, die ihre Kursnachbarin / ihr Kursnachbar spielt/spielen möchte.		
Plenum	**VERTIEFUNG 2: Kugellager (Glossar → S. 166):** Die TN beschäftigen sich noch einmal intensiv mit den Redemitteln aus Aufgabe 2c. Sie stellen sich dann in einem Innen- und einem Außenkreis gegenüber auf. Die TN im Innenkreis stellen eine der Fragen aus den Redemitteln, die die gegenüberstehenden TN im Außenkreis mit einem der Redemittel beantworten sollen, zum Beispiel *Ich würde am liebsten in die Oper gehen. Was hältst du davon? – Ja, das klingt gut.* Ist die Frage beantwortet, bewegen sich nur die TN des Innenkreises und stehen nun einem anderen TN gegenüber. Hier stellen sie wieder eine Frage etc. Nach einer Weile wird gewechselt.		

SEHEN UND HÖREN

1 Musikalisch unterwegs in Köln

SOZIALFORM	ABLAUF	MATERIAL	ZEIT
Einzelarbeit	a) Prüfungstraining: Die TN hören die Ansagen zweimal und markieren die richtigen Antworten (richtig/falsch und a/b/c). Besprechen Sie mit den TN, wie sie vorgegangen sind und was sinnvolle Strategien für eine Prüfungssituation sein können (z. B. vor dem Hören die Aufgabenstellung und die Textchen lesen, wichtige Wörter unterstreichen ...) *Lösung: Ankündigung 1: 1 richtig, 2c; Ankündigung 2: 1 falsch, 2c; Ankündigung 3: 1 richtig, 2a*	2 🔊 9	
Plenum	b) Die TN äußern sich darüber, welche Veranstaltung sie spontan gern besuchen würden und begründen ihre Entscheidung.		
Einzelarbeit	**AB 72/Ü8** Ergänzungsübung zu einer Ankündigung; auch als Hausaufgabe geeignet.	3 🔊 32	

2 Kayas Kanal

SOZIALFORM	ABLAUF	MATERIAL	ZEIT
Plenum	a) Die TN sehen sich das Bild an und äußern ihre Vermutungen. Machen Sie eine kleine Umfrage: Wer schaut wie oft Videos im Internet an? Welche Genres sind im Kurs am beliebtesten?		
Plenum	b) Die TN sehen das Video in Abschnitten an und beantworten die Fragen. Kontrolle jeweils im Plenum. Abschnitt 1: Die TN sehen den ersten Abschnitt zunächst ohne Ton. Stellen Sie Fragen: Geht es in dem Video um Musik? Werden hier Freizeittipps gezeigt? Spielen Sie den Abschnitt dann mit Ton ab. Die TN markieren die Antwort. Kontrolle im Plenum. *Lösung: Freizeittipps; sie hat den Namen und die Benutzung verschiedener Sambatrommeln gelernt.*	🎬 22	

	Abschnitt 2: Die TN sehen den zweiten Abschnitt mit Ton. Sie machen sich Stichworte und berichten im Plenum. *Lösung: Sambatrommeln kommt aus Brasilien und wird insbesondere während der Karnevalszeit auf der Straße gespielt. Deshalb haben die unterschiedlichen Trommeln auch brasilianische Namen. Zum Trommeln benutzt man zwei Stücke und die Sambatrommel wird um den Bauch gehängt. So kann man die Trommel auch im Gehen spielen.* Abschnitt 3: Fragen Sie, wie ein Video dieser Art typischerweise endet. Sammeln Sie an der Tafel. Die TN sehen den dritten Abschnitt mit Ton und beantworten die Fragen. *Lösung: Die Follower können die Probe der Sambagruppe Bateria Colonia besuchen. Zur Bewertung des Videos können die Zuschauer auf das Symbol „Daumen nach oben“ klicken und einen Kommentar unter das Video posten.*	23 24	
Gruppen-arbeit	c) Die TN sprechen darüber, wie ihnen Kayas Kanal gefallen hat und welche Kanäle dieser Art sie selbst gern sehen. Lassen Sie die TN ihre Meinung begründen. **TIPP:** Machen Sie mit den TN eine **Energieaufbauübung (Glossar → S. 165).** Energieaufbauübungen sind entweder Konzentrations- oder Körperübungen, die das Ziel haben, nach mental anstrengenden Phasen wieder körperlich aktiv zu werden. Versuchen Sie mit den TN die Übung *Körperbuchstaben* zu machen. Die TN versuchen in Gruppen ein Wort aus dem Video mit ihrem Körper zu schreiben. Die anderen raten.		
Einzelarbeit	**AB 72/Ü9** Leseübung zum Thema „Festivals in deutschsprachigen Ländern“; auch als Hausaufgabe geeignet.		

Ich kann jetzt ...

SOZIALFORM	ABLAUF	MATERIAL	ZEIT
Einzelarbeit	Die TN markieren, was auf sie zutrifft.		

LESEN

1 Eine deutsche Band

SOZIALFORM	ABLAUF	MATERIAL	ZEIT
Plenum	Die TN sehen das Foto an und äußern ihre Vermutungen.		
Einzelarbeit	**AB 73/Ü10** Wortschatzübung; auch als Hausaufgabe geeignet.		

2 „Rammstein“

SOZIALFORM	ABLAUF	MATERIAL	ZEIT
Einzelarbeit Plenum	a) Die TN lesen die Reportage und schreiben sich zu den Punkten Stichworte auf. Wer fertig ist, unterstreicht im Text alle Wörter, die zum Thema „Musik“ passen (*Konzerthalle, Gitarrist, Mikrophon, Band, Rockmusik, Album, Top 10, Musiker, Keyboarder, spielen, singen, melodisch, Gesang, vortragen, Bassist, Fan, Zeile, mitsingen*). Kontrolle im Plenum. *Lösung: 2 Ostdeutschland/DDR; 3 Rockmusik; 4 Theater, Feuer, Spektakel; 5 echt, singen Deutsch*		

Plenum	b) Die TN sagen ihre Meinung, ob sie Rammstein interessieren könnte oder nicht. Sofern Rammstein nicht bekannt sein sollte, spielen Sie ein Lied der Band vor oder lassen Sie die TN selbstständig über das Smartphone / Internet nach einem Rammstein-Lied suchen.	Musik von Rammstein	
Einzelarbeit	**AB 74/Ü11** Erweiterungsübung mit dem Thema „Kunst in der DDR“. Da der Text viel Landeskunde enthält, stellen Sie nach dem Erarbeiten weitere Fragen an die TN: *Warum war es für Liedermacher in der DDR schwierig, Kritik zu üben? Was wurde oft verboten? Wie heißt ein berühmter Liedermacher?*		

3 Etwas begründen – Konnektoren

SOZIALFORM	ABLAUF	MATERIAL	ZEIT
Einzelarbeit Plenum	a) Die TN ergänzen die passenden Konnektoren. Kontrolle im Plenum. *Lösung: 1 weil, 2 denn, 3 da, 4 daher, 5 nämlich*		
Einzelarbeit Plenum	b) Die TN markieren zuerst die richtige Antwort und formulieren danach in weil-Sätze um. Kontrolle im Plenum. *Lösung: Viele Fans lieben Rammstein, weil ihre Live-Auftritte spektakulär sind. / Weil Rammstein weltweit beliebt ist, sind ihre Konzerte in wenigen Minuten ausverkauft. / Weil die Show sensationell ist, wirken die Konzerte von Rammstein wie ein Theaterstück.* **FOKUS GRAMMATIK:** Die Präposition *wegen* wird hier nur rezeptiv vorgestellt. Genitivattribute werden noch in Lektion 8 produktiv behandelt. An dieser Stelle reicht es, wenn die TN die Bedeutung von *wegen* verstehen und die Präpositionalausdrücke in einen kausalen Nebensatz umformen können.		
Einzelarbeit	**AB 74/Ü12** Grammatikwiederholung: *weil*-Sätze; auch als Hausaufgabe geeignet. Die TN sehen sich zuerst gemeinsam die Grammatikübersicht im Kursbuch (→ KB 72/2a-c) an. Lassen Sie danach den Unterschied zwischen Hauptsatz- und Nebensatzkonnektoren finden. *Lösung: Hauptsatzkonnektoren sind nebenordnende Konnektoren, d.h. das Verb bleibt im Konnektorensatz auf Position 2. Unterordnende Konnektoren / Nebensatzkonnektoren leiten einen Nebensatz ein mit Verbendstellung.*		
Einzelarbeit	**AB 74/Ü13** Zusatzübung zu Konnektoren; Als Hausaufgabe geeignet.		
Plenum	c) Die TN sagen ihre Meinung. Korrigieren Sie nur die Verbstellung. **TIPP:** Diese Aufgabe können Sie auch würfeln lassen, damit die TN nicht immer die gleichen Formen benutzen. Schreiben Sie dazu an die Tafel, welcher Konnektor für welchen Würfelpunkt steht, zum Beispiel 1 = *weil*, 2 = *denn*, 3 = *nämlich*, 4 = *daher*, 5 = *darum*, 6 = *da*	(großer Schaumstoff-) Würfel	
Einzelarbeit	**AB 75/Ü14–15** Weiterführende Übungen zu den kausalen Konnektoren; auch als Hausaufgabe geeignet.		
Einzelarbeit	**AB 75/Ü16** Umformungsübung von Sätzen mit *wegen* in *weil*-Sätze, Kontrolle über den Hörtext; auch als Hausaufgabe geeignet.	3 🔊 33	

4 Ein Musikforum im Internet

SOZIALFORM	ABLAUF	MATERIAL	ZEIT
Einzelarbeit Plenum	a) Die TN überfliegen den Text und ordnen den passenden Titel zu. Kontrolle im Plenum. *Lösung: Verkaufsverbot von Musik ...* Gehen Sie den Beitrag noch einmal gemeinsam durch und klären Sie den unbekannten Wortschatz, zum Beispiel *derzeit, umstritten sein, radikal, schrill, wiederum, angeblich, ...*		
Einzelarbeit Plenum Plenum Gruppen- arbeit	b) Die TN lesen die Aufgabenstellung. Sie markieren, welche Meinung die Teilnehmer im Forum haben. Kontrolle im Plenum. *Lösung: 1 Schlecht, 2 Gut, 3 Schlecht* Gehen Sie mit den TN den Lerntipp „Meinungen verstehen" durch. Die TN wenden ihn gemeinsam auf die Texte 2 bis 4 an und unterstreichen, was für oder gegen ein Verbot spricht. **VERTIEFUNG:** Die TN arbeiten zu viert. Jede/r erhält einen Text, fasst ihn mit einem Satz zusammen und kommentiert ihn mit eigenen Worten.		

5 Kontroverses ausdrücken

SOZIALFORM	ABLAUF	MATERIAL	ZEIT
Einzelarbeit Plenum Gruppen- arbeit	Die TN lesen die Sätze und markieren den entsprechenden Satz. *Lösung: obwohl: Satz 1, trotz: Satz 2.* Weisen Sie die TN auf die Grammatikübersicht im Kursbuch (→ KB 72/2b) hin. **FOKUS GRAMMATIK:** Die Präposition *wegen* wird hier nur rezeptiv vorgestellt. Genitivattribute werden noch in Lektion 8 produktiv behandelt. An dieser Stelle reicht es, wenn die TN die Bedeutung von *wegen* verstehen und die Präpositionalausdrücke in einen kausalen Nebensatz umformen können.		
Einzelarbeit	**AB 76/Ü17** Grammatik entdecken: Verbstellung bei *trotz, trotzdem, obwohl;* auch als Hausaufgabe geeignet.		
Einzelarbeit	**AB 76/Ü18** Übung zur Satzstellung bei *aber, obwohl* und *trotzdem;* auch als Hausaufgabe geeignet.		
Einzelarbeit	**AB 76–77/Ü19–22** Weiterführende Übungen zu kausalen/konzessiven Konnektoren und Präpositionen; auch als Hausaufgabe geeignet.		
Plenum	**AB 78/Ü23** Spiel: freie Anwendung der Konnektoren.		

Ich kann jetzt ...

SOZIALFORM	ABLAUF	MATERIAL	ZEIT
Einzelarbeit	Die TN markieren, was auf sie zutrifft.		
Plenum	**VERTIEFUNG 1:** Sammeln Sie mit den TN an der Tafel: *Was ist typisch an Zeitungstexten über Bands? Welche Informationen gibt es oft?* Die TN nennen Stichwörter, die Sie aufschreiben. Lassen Sie sie daraus Schlagzeilen machen. Beispiel: *Konzerttournee – Rammstein auf Konzerttournee in Bayern*		

Gruppen-arbeit Partnerarbeit Plenum	**VERTIEFUNG 2:** Wenn Sie die kausalen und konzessiven Konnektoren noch einmal üben möchten, dann können Sie die Kopiervorlage Lektion 6 in Partnerarbeit bearbeiten lassen. Kopieren Sie die Kopiervorlage dementsprechend oft und verteilen Sie je einen Satz „Kärtchen" an die Lernpaare. Die TN probieren aus, wie oft sie den Satz verändern können, ohne dass er inhaltlich und grammatikalisch falsch wird. Dazu legen sie Sätze mit jeweils nur EINER der markierten Karten. Besprechen Sie die Ergebnisse im Plenum.	Kopiervorlage Lektion 6	
Gruppen-arbeit	**VERTIEFUNG 3:** Drucken Sie die Beiträge der TN aus dem Forum über „Rammstein" aus. Die TN arbeiten in Gruppen und unterstreichen alle Meinungsäußerungen, die klar ein Pro oder Kontra darstellen. Die TN schreiben auf Kärtchen typische Redemittel, die eine positive bzw. negative Meinung ausdrücken und ordnen sie in die **Wiederholungskiste (Glossar → S. 168)** ein.	Forenbeiträge zur Band Rammstein; Kärtchen, Briefumschläge, Wiederholungskiste	
Gruppen-arbeit	**VERTIEFUNG 4:** Jede Gruppe schreibt *deshalb, obwohl, trotzdem, weil, aber* etc. auf Kärtchen. Ein TN der Gruppe nimmt ein Kärtchen auf und sagt ihre/seine Meinung zu einem Videoclip, das sie/er in letzter Zeit gesehen hat: *Warum war der Clip schön/langweilig/doof* etc.? Dabei verwendet sie/er den jeweiligen Konnektor. Wurde der Konnektor richtig benutzt, kann sie/er das nächste Kärtchen nehmen, wenn nicht, ist die/der Nächste an der Reihe. Wer ist am schnellsten? Helfen Sie bei Schwierigkeiten.	Kärtchen	

SPRECHEN

1 Deutschsprachige Musiker und Bands präsentieren

SOZIALFORM	ABLAUF	MATERIAL	ZEIT
Dreiergruppe	a) Teilen Sie den Kurs in Dreiergruppen ein. Die TN notieren, welche deutschsprachigen Musiker und Bands sie kennen und einige ihrer Liedtitel. **TIPP 1:** Wenn zu viele Lernpartner die gleiche Band wählen, wird es langweilig. Versuchen Sie noch mehr Alternativen zu bieten oder einen Wettbewerb daraus zu machen: Wer weiß mehr über eine Band? **TIPP 2:** Wenn Sie im Unterricht keine Möglichkeit haben, den Computer zu benutzen, kann die Auswahl zum Beispiel am Ende des Unterrichts erfolgen und die Recherche als Hausaufgabe. Die weiteren Aufgaben auf dieser Seite werden dann in der nächsten Kursstunde bearbeitet.		
Dreiergruppe	b) Die Gruppen suchen zu einem oder zwei Interpreten, Videos und Musikaufnahmen im Internet und schauen sich diese an. In der Gruppe besprechen sie, wie sie die Videos und den Musikstil finden.	Smartphone, Internet	
Einzelarbeit	**AB 78/Ü24** Erweiterungsübung zu deutschsprachigen Musikern; auch als Hausaufgabe geeignet.		

2 Lieblingsmusiker oder -band aus dem Heimatland vorstellen.

SOZIALFORM	ABLAUF	MATERIAL	ZEIT
Einzelarbeit	a) Die TN wählen einen Musiker / eine Musikerin oder eine Band aus ihrem Heimatland aus und suchen zu den Stichpunkten Informationen. Weisen Sie die TN auch auf den Tipp „Richtig recherchieren" hin. **LANDESKUNDE:** Für die TN ist es wichtig zu wissen, dass es nicht generell erlaubt ist, Inhalte aus dem Internet kostenlos zu übernehmen und zu verbreiten. Bei Veröffentlichungen muss immer die Quelle genannt werden und im Falle einer Vervielfältigung sogar beim Autor oder dessen Vertreter angefragt werden, ob man die Rechte bekommt. **TIPP:** Wenn die TN im Unterricht keine Möglichkeit haben, das Internet zu nutzen, kann die Auswahl zum Beispiel am Ende des Unterrichts erfolgen und die Recherche als Hausaufgabe. Die weiteren Aufgaben auf dieser Seite werden dann in der nächsten Kursstunde bearbeitet.	Internet	
Einzelarbeit Plenum	b) Die TN ordnen die Stichpunkte den Redemitteln zu. Kontrolle im Plenum. *Lösung: Musikstil, Gründung, Auftritte, Erfolge, Bandmitglieder, Themen / Texte*		
Einzelarbeit	c) Die TN wählen ein Video und machen sich Notizen zu den aufgeführten Punkten.	Smartphone, Internet	
Einzelarbeit	d) Die TN bereiten mithilfe der Informationen aus 2a-c eine kurze Präsentation mit Einleitung und Schluss, vor. Sie können dazu Zettel / Karteikärtchen verwenden. Geben Sie den TN den Tipp, auf den Zettel / auf die Karteikärtchen nur Erinnerungshilfen zu schreiben und die Stellen deutlich zu machen, wo ein Foto oder der Videoclip präsentiert werden soll. Auf keinen Fall sollten ganze Sätze auf dem Zettel stehen, damit die TN nicht in die Versuchung kommen, alles abzulesen. Weisen Sie die TN noch einmal auf die Redemittel „Eine Präsentation formulieren" im Kursbuch (→ KB 19/3)	Zettel / Karteikarten	
Dreiergruppe	e) Teilen Sie die den Kurs in Kleingruppen auf. Ein TN präsentiert seinen Lernpartnern sein Lieblingsmusiker. Danach geben die Lernpartner ihm / ihr Feedback und stellen weitere Fragen. Anschließend präsentiert der nächste TN sein Lieblingsmusiker und erhält Feedback. Reihum präsentieren alle TN ihre Lieblingsmusiker.	Smartphone, Internet	
Einzelarbeit	**AB 79/Ü25** Schreibübung zum Thema „Musik"; auch als Hausaufgabe geeignet.		

Mein Dossier

SOZIALFORM	ABLAUF	MATERIAL	ZEIT
Einzelarbeit	**AB 79/Ü26** Die TN beschreiben ihr Lieblingslied; wo, wann und warum hören sie es gern? **TIPP:** Die TN müssen das Lied nicht komplett übersetzen, aber vielleicht können sie mit ihren eigenen Worten sagen, worum es geht; auch als Hausaufgabe geeignet.		

Ich kann jetzt ...

SOZIALFORM	ABLAUF	MATERIAL	ZEIT
Einzelarbeit	Die TN markieren, was auf sie zutrifft.		
Plenum	**VERTIEFUNG 1:** Fragen Sie die TN, was ihnen beim Recherchieren im Internet schwergefallen ist, wo sie Verständnisprobleme hatten und ob es schwer war, die passenden deutschen Suchbegriffe einzugeben. Die TN erzählen von ihren Erfahrungen. **TIPP:** Machen Sie an dieser Stelle sehr deutlich, wie komplex die TN gearbeitet haben und wie gut sie bereits auch ungesteuert in der Fremdsprache klarkommen.		
Plenum	**VERTIEFUNG 2:** Die TN erzählen, auf welche Band sie durch die Präsentationen aufmerksam geworden sind und von welcher Band sie gern mehr hören wollen.		
Einzelarbeit	**VERTIEFUNG 3:** Die TN schreiben einer Freundin / einem Freund eine E-Mail und berichten ihr/ihm von einer Band, die sie im Unterricht kennengelernt haben.		

AUSSPRACHE: Satzakzent und Satzmelodie (Arbeitsbuch → AB 80)

1 Satzakzent

SOZIALFORM	ABLAUF	MATERIAL	ZEIT
Plenum	a) Die TN hören und markieren das betonte Wort. **TIPP:** Weisen Sie die TN darauf hin, dass es in jedem Satz Wörter gibt, die besonders stark betont werden, weil sie für den Inhalt wichtig sind und auch die Aussage verändern können. Deshalb ist oft die richtige Betonung für das Verstehen von Aussagen ausschlaggebend.	3 🔊 34	
Plenum	b) Die TN hören und sprechen nach. **TIPP:** Machen Sie diese Übung in Bewegung: Die TN laufen durch den Raum und hören die Sätze. Wenn etwas betont wird, machen sie eine bestimmte Bewegung: klatschen, springen, Arme in die Luft etc.	3 🔊 34	

2 Satzmelodie

SOZIALFORM	ABLAUF	MATERIAL	ZEIT
Plenum	a) Die TN hören und setzen die richtigen Pfeile. **TIPP:** Auch diese Übung geht gut in Bewegung und wird dadurch klarer: Geht die Stimme hoch, heben die TN die Arme, bleibt sie gleich, haben die TN die Arme seitlich gestreckt, und geht sie nach unten, hängen die Arme nach unten.	3 🔊 35	
Plenum	b) Die TN hören und sprechen nach. **TIPP:** Lassen Sie die TN im **Mönchsgang (Glossar → S. 167)** durch den Raum laufen und nachsprechen.	3 🔊 36	

LERNWORTSCHATZ (Arbeitsbuch → AB 81)

SOZIALFORM	ABLAUF	MATERIAL	ZEIT
Einzelarbeit	**LERNSTRATEGIE-TIPP 6:** Die TN beschreiben die Nomen aus der Wortschatzliste jeweils mit einem Relativsatz, zum Beispiel *Eine Geige ist ein Instrument, das man in einem Orchester braucht. Der Tanz, den ihr gezeigt habt, ist schön.*		

LEKTIONSTEST 6 (Arbeitsbuch → AB 82)

SOZIALFORM	ABLAUF	MATERIAL	ZEIT
Einzelarbeit	Mithilfe des Lektionstests haben die TN die Möglichkeit, ihr neues Wissen in den Bereichen Wortschatz, Grammatik und Redemittel zu überprüfen. Wenn die TN mit einzelnen Bereichen noch Schwierigkeiten haben, können sie gezielt noch einmal einzelne Module wiederholen.		

REFLEXION DER LEKTION

SOZIALFORM	ABLAUF	MATERIAL	ZEIT
Plenum	Sammeln Sie mit den TN Musikwortschatz an der Tafel: *Lösungsvorschlag:* Nomen: *Konzert, Oper, Festival, Band, Sänger, Gitarrist, Bassist, Keyboarder, Geiger, Trompete, Trommel, Schlagzeug, Flöte, Chor, Disco, Noten, Instrument, Mikrofon, Album, Melodie, CD, Klavier, Orgel, Musikstück, Klassik, Pop, Rock;* Verben: *auftreten, komponieren, dirigieren, spielen, singen*		
Plenum Gruppenarbeit	**VERTIEFUNG:** Sammeln Sie verschiedene Fragen an der Tafel: *Was machen Sie gern in Ihrer Freizeit? Welches Instrument gefällt Ihnen besonders gut? Welcher Musikstil gefällt Ihnen (gar nicht)? Wo hören Sie Musik? Welche deutschsprachigen Bands haben Sie kennengelernt?* etc. Die TN bilden mithilfe des Wortschatzes und der Fragen verschiedene Minigespräche. Beispiel: *Was machen Sie/Was machst du gern in Ihrer/deiner Freizeit? – Ich gehe gern in die Oper. – Echt? Ich überhaupt nicht.*		
Plenum	Wählen Sie gemeinsam ein deutschsprachiges Lied aus und machen Sie **Liedtextpflücken (Glossar → S. 166).**	Kopien eines Liedtextes	

EXTRA BERUF

Situationstext

SOZIALFORM	ABLAUF	MATERIAL	ZEIT
Plenum	Die TN lesen den Situationstext und die Checkliste zum Thema Stellenanzeigen. Alternative Herangehensweise: Bei geschlossenen Büchern an der Tafel sammeln lassen, welche Aspekte beim Thema Stellenanzeigen eine Rolle spielen. Danach Vergleich mit der Checkliste im Buch.		

1 Stellen suchen und finden

SOZIALFORM	ABLAUF	MATERIAL	ZEIT
Einzelarbeit	a) Die TN ordnen die Methoden nach Schulnoten von *erfolgreich (1)* bis *erfolglos (6)*.		
Plenum	b) Die TN berichten, welche der genannten Methoden sie schon ausprobiert haben und welche Erfahrungen sie gemacht haben. Auch weitere Methoden, die nicht im Buch aufgeführt sind, können genannt werden. Anschließend lesen die TN den Lerntipp zum Thema Stellenmarkt. Besprechen Sie unbekannt Wörter im Plenum. Fragen Sie im Kurs, in welchen Branchen der Stellenmarkt auf Internetseiten wohl wichtiger ist, als in Tages-oder Wochenzeitungen. Fragen sie dann die TN, ob und welche Job-und Karriereportale sie kennen. Sammeln Sie im Plenum und notieren Sie die Namen der Portale an der Tafel.		
Partnerarbeit Plenum	c) Die TN schauen sich Djamals Internetrecherche an und benennen die weiteren Bezeichnungen für den Beruf „Koch". Kontrolle im Plenum. *Mögliche Lösung: Beikoch, Frühstückskoch*		
Einzelarbeit	d) Die TN überlegen, welche Bezeichnungen zu ihrem Wunschberuf passen würden. Im zweiten Schritt dürfen sie dazu auch ein Wörterbuch verwenden; auch als Hausaufgabe geeignet.		

2 Beschäftigungsformen verstehen

SOZIALFORM	ABLAUF	MATERIAL	ZEIT
Einzelarbeit Plenum	a) Die TN lesen die Definitionen zu den Beschäftigungsformen und ordnen anschließend die Begriffe den Definitionen zu. Kontrolle im Plenum. Weisen Sie darauf hin, dass in „offiziellen" Texten z. T. recht anspruchsvolle Wörter vorkommen – die auch über der Niveaustufe liegen können, auf der die TN sind. Regen Sie an, dass die TN sich gegenseitig befragen und Umschreibungen / Beispiele geben. *Lösung:* *Linke Seite von oben: 4, 5, 8, 6* *Rechte Seite von oben: 2, 3, 7, 1*		
Einzelarbeit Plenum	Die TN lesen in *Wussten Sie schon?* den Text zum Thema Arbeitszeit. Besprechen Sie unbekannte Wörter im Plenum. Fragen Sie die TN wie die durchschnittliche Arbeitszeit in ihren Heimatländern ist und vergleichen Sie im Plenum.		

Einzelarbeit Plenum	b) Die TN lesen die Texte zu den Beschäftigungsformen der Personen. Anschließend benennen sie die Beschäftigungsformen und tauschen sich im Plenum aus. Initiieren Sie ein Gespräch: In welchen Beschäftigungsformen waren die TN hier oder in ihrem Heimatland tätig? Wie waren ihre Erfahrungen damit? *Lösung: Ana Torres: Vollzeit; Mahmut Özdem: freiberuflich; Christine Sauer: befristet; Henning Nilsson: Minijob*		

3 Stellenanzeigen lesen und verstehen

SOZIALFORM	ABLAUF	MATERIAL	ZEIT
Einzelarbeit Gruppen- arbeit	a) Die TN lesen zuerst die Lesestrategie „Suchendes Lesen". Anschließend lesen sie die Stellenanzeigen. Danach tauschen sie sich in der Gruppe aus, welche Stellenanzeige(n) zu Djamals Profil passen. Regen Sie an, dass die TN sich die eigenen Arbeitsstrategien bewusst machen und sich darüber austauschen. Wie sind die TN vorgegangen? Wer hat etwas in den Texten markiert? Wer hat sich etwas notiert? *Lösung: Stellenanzeigen A und E*		
Einzelarbeit Plenum	b) Die TN lesen die Berufsanforderungen. Anschließend ordnen sie diese den Stellenanzeigen zu. Kontrolle im Plenum. *Lösung: Abgeschlossene Berufsausbildung: A und E; Deutsche Sprachkenntnisse: B und C; Vorkenntnisse in dem Beruf: A, C und E; Selbstständiges Arbeiten: C und E; Soziale Kompetenzen: C und E*		
Gruppen- arbeit Plenum	c) Die TN sehen sich die Stellenanzeigen erneut an und sprechen über die verschiedenen Tätigkeiten und Qualifikationen von Koch, Aushilfe, Küchenhilfe und Beikoch. **VERTIEFUNG 1:** Die Gruppe wählt einen weiteren Beruf aus (z. B. Altenpflegerin / Altenpflegehelferin) und sucht nach verschiedenen Stellenanzeigen für diesen Beruf. **VERTIEFUNG 2:** Bringen Sie verschiedene Tages- und Wochenzeitungen mit Stellenanzeigen mit. Fordern Sie die TN auf, die Stellenanzeigen nach bestimmten Kriterien (z. B. Teilzeitstelle) zu überfliegen.		

4 Informationen über Arbeitsverhältnisse verstehen

SOZIALFORM	ABLAUF	MATERIAL	ZEIT
Partnerarbeit	a) Die TN lesen die Fragen. Danach tauschen sie sich über die verschiedenen Beschäftigungsformen aus und sprechen über die Vor- und Nachteile. Dabei sollten sie sich auf die Situation jetzt bzw. Wünsche für die Zukunft konzentrieren.		
Plenum	b) Die TN hören die Einleitung des Vortrags an und stellen Vermutungen über Rednerin und Thema an.	2 🔊 10	

Plenum	Die TN lesen in *Wussten Sie schon?* den Text über Arbeitgeberverbände und Gewerkschaften. Besprechen Sie unbekannte Wörter im Plenum. Fragen Sie im Kurs, ob es in ihren Heimatländern auch Vertreter für Arbeitgeber und Arbeitnehmer gibt und was diese tun bzw. was die TN über diese wissen.		
Einzelarbeit Plenum	c) Die TN hören den gesamten Vortrag und nummerieren die Themen in der Reihenfolge des Vorkommens. Kontrolle im Plenum. *Lösung: 1 Art des Arbeitsverhältnisses, 2 Dauer der Beschäftigung, 3 Arbeitszeit, 4 Urlaub, 5 Überstunden*	2 🔊 11	
Einzelarbeit Plenum	d) Die TN lesen zunächst die Aussagen. Danach hören sie den Vortrag erneut an und kreuzen jeweils die richtige Antwort an. Kontrolle im Plenum. *Lösung: 1 nach der Art des Arbeitsverhältnisses fragen, 2 bis zu zwei Jahre befristen, 3 höchstens 60 Stunden pro Woche, 4 kann je nach Tarifvertrag unterschiedlich sein*	2 🔊 11	
Plenum Einzelarbeit	e) Die TN lesen die Aufgabenstellung und die Beispielfragen. Sammeln Sie weitere Fragen an der Tafel. Die TN recherchieren Informationen zu ihrem Berufsfeld und orientieren sich dabei an den Fragen.		

EINSTIEG

Vor dem Öffnen des Buches

SOZIALFORM	ABLAUF	MATERIAL	ZEIT
Plenum	Malen Sie einen Geldschein an die Tafel oder/und bringen Sie verschiedene Münzen und Geldscheine mit in den Kurs. Schreiben Sie an zwei Flipcharts das Alphabet von A bis Z und teilen Sie den Kurs in zwei Gruppen. Geben Sie eine Zeit vor und lassen Sie die TN so viele Assoziationen wie möglich zum Thema finden. Das können auch Kollokationen und Redewendungen sein wie *Geld ausgeben* und *Geld stinkt nicht.* Prüfen Sie danach gemeinsam: Welche Gruppe hat die meisten Assoziationen gefunden? Passen sie alle zum Thema?	Münzen, Geldscheine, Flipcharts	
Einzelarbeit Plenum	**AB 83/Ü1** Wortschatz-Quiz zum Thema „Geld". Diese Übung eignet sich gut zur Aktivierung des Wortfeldes der Lektion. Kontrolle im Plenum.		

1 Spiele um Geld

SOZIALFORM	ABLAUF	MATERIAL	ZEIT
Plenum	a) Die TN schauen das Foto an und beantworten die Fragen. *Lösung: Das Spiel heißt Monopoly. Für weitere Details siehe hierzu auch die Beschreibung auf Seite KB 78.*		
Einzelarbeit Gruppen- arbeit Plenum	b) Die TN überlegen zuerst alleine oder in kleinen Gruppen, welche Spiele sie kennen, bei denen es um Geld geht. Sammeln Sie die Ideen anschließend im Kurs. **TIPP:** Halten Sie die genannten Spiele an der Tafel fest und unterteilen Sie diese in Spiele, bei denen es um reales Geld geht (z. B. Lotto) und Spiele, bei denen es um Spielgeld geht (z. B. Monopoly).		
Plenum	c) Die TN stellen Vermutungen an, welche der in 1b genannten Spiele es in vielen Ländern gibt und tauschen sich darüber aus, welche es in ihren Heimatländern gibt.		

SPRECHEN 1

1 Spiele spielen

SOZIALFORM	ABLAUF	MATERIAL	ZEIT
Plenum	a) Die TN berichten, wann und mit wem sie zuletzt ein Spiel gespielt haben.		
Partnerarbeit	b) Die TN sehen sich die Bilder an und tauschen sich in Partnerarbeit darüber aus, welche der gezeigten Spiele sie kennen und welches davon sie bereits gespielt haben.		
Einzelarbeit	**AB 84/Ü3** Landeskundlicher Text über den Verein „Spiel des Jahres", angelehnt an *Wussten Sie schon?* im Kursbuch.		
Einzelarbeit	c) Die TN lesen die Spielanleitung und äußern ihre Vermutungen. *Lösung: Monopoly*		
Einzelarbeit Plenum	d) Die TN markieren die richtige Antwort. Kontrolle im Plenum. *Lösung: 1 Strategiespiel; 2 den anderen Spielern das Geld abzunehmen. 3 Spielgeld, Karten, Würfel, Brett und Figuren. 4 alle bis auf einen Spieler kein Geld mehr haben.*		

Einzelarbeit	**AB 83/Ü2** Wortschatzübung zum Wortfeld „Spielen“; auch als Hausaufgabe geeignet.	3 🔊 37	

2 Passiv

SOZIALFORM	ABLAUF	MATERIAL	ZEIT
Einzelarbeit Plenum	a) Die TN lesen die Sätze und ergänzen, bei welcher Form es sich um den Nominativ bzw. Akkusativ handelt. Kontrolle im Plenum. *Lösung:* Aktiv: *dieses Brettspiel = Akkusativ;* Passiv: *Dieses Brettspiel = Nominativ*		
Einzelarbeit Plenum	b) Die TN ergänzen die Regeln zum Passiv. Kontrolle im Plenum. *Lösung: ... Verb werden und dem Partizip II des Verbs / ... mit der Präposition von ...* Weisen Sie die TN auf die Grammatikübersicht im Kursbuch (→ KB 88/1 a+b) hin. **VERTIEFUNG:** Fordern Sie die TN auf, Tätigkeiten zu nennen, die passieren, ohne dass man üblicherweise die Person kennt, die diese Tätigkeit ausübt, wie zum Beispiel *Bus fahren, eine Zeitung drucken, das Auto reparieren* etc. Legen Sie dafür an der Tafel einen Wortigel an. Dadurch können Sie noch einmal die Intention des Passivs verdeutlichen.		
Plenum Partnerarbeit Einzelarbeit	c) Die TN formen die Sätze ins Passiv um. Kontrolle im Plenum. *Lösung: 2 ... werden gezogen. 3 ... werden gekauft. 4 ... werden auch verkauft. 5 ... wird von den Spielern bezahlt.* **VERTIEFUNG:** Die TN lesen oder schreiben (Binnendifferenzierung) die Spielanleitung von KB 78/2 im Passiv, soweit möglich.		
Einzelarbeit	**AB 84/Ü4** Grammatikwiederholung: *werden* als Vollverb und *werden* + Infinitiv.		
Einzelarbeit	**AB 85/Ü5** Grammatik entdecken: das Passiv.		
Einzelarbeit	**AB 86/Ü6–9** Übungen zum Passiv; Übung 9 ist auch als Hausaufgabe geeignet.		

3 Mein Lieblingsspiel

SOZIALFORM	ABLAUF	MATERIAL	ZEIT
Gruppenarbeit	Jede/r in der Gruppe nennt den Namen des Spiels, das Zubehör etc. Achten Sie darauf, dass die TN die Redemittel im Kursbuch (→ KB 79) anwenden.		
Plenum	**VERTIEFUNG:** Fordern Sie die TN im Plenum auf, ihre Lieblingsspiele (soweit Spielsteine etc. notwendig sind) mitzubringen. Die TN teilen sich in vier „Farbgruppen“ auf. Jede Gruppe einigt sich auf ein Spiel, das nicht so kompliziert ist. Der TN, der das Spiel mitgebracht hat, erklärt das Spiel. Weisen Sie die TN darauf hin, dass sie dabei möglichst oft das Passiv verwenden. Jede/r TN sollte die Regeln genau verstehen (ggf. ist ein Spieldurchlauf notwendig). Das Spiel wird so lange wiederholt, bis alle in der Gruppe verstanden haben, wie es funktioniert. Dann werden **Expertengruppen (Glossar → S. 165)** gebildet: In jeder Expertengruppe ist jeweils ein Mitglied einer Farbe vertreten. Diese erklären sich nun gegenseitig ihre Spiele. Danach einigen sich die TN in der neuen Gruppe wieder auf ein Spiel und spielen es zusammen.	Spiele	

Ich kann jetzt ...

SOZIALFORM	ABLAUF	MATERIAL	ZEIT
Einzelarbeit	Die TN markieren, was auf sie zutrifft.		

LESEN 1

1 Welcher Einkaufstyp sind Sie?

SOZIALFORM	ABLAUF	MATERIAL	ZEIT
Partnerarbeit Plenum	a) Die TN gehen zu zweit zusammen und beantworten und begründen die Fragen. Sprechen Sie im Plenum darüber. *Lösungsvorschlag: 1 A: Die Frau ist im Supermarkt und wählt Produkte aus, die sie einkaufen möchte. B: Das ist in einem Elektronikgeschäft. Der Verkäufer berät den Kunden bei der Wahl des Computers.* *2 A: Die Schokolade liegt verführerisch in Augenhöhe. B: Der Verkäufer sagt dem Kunden, welche besonderen Funktionen der teurere Computer im Vergleich zu einem günstigeren Modell hat.*		
Plenum Einzelarbeit	b) Klären Sie zunächst unbekannten Wortschatz wie *sich verführen lassen, Augenhöhe, sich überreden lassen, ...* im Plenum. Dann machen die TN den Test.		
Plenum Einzelarbeit	c) Klären Sie auch hier ggf. unbekannten Wortschatz wie *unüberlegt einkaufen* etc. im Plenum. Die TN zählen ihre Punkte zusammen und lesen, welcher Einkaufstyp sie sind. Danach können sie die anderen Ergebnisse lesen.		
Plenum	d) Die TN sprechen über ihr Ergebnis und über ihre Einkaufsgewohnheiten generell. **VERTIEFUNG:** Kopieren Sie die Kopiervorlage Lektion 7/1 für jeden TN. Die TN befragen sich gegenseitig nach ihrem Einkaufsverhalten. Wer als Erstes zu jedem Punkt einen Namen aus dem Kurs findet, ruft laut „Fertig!“ und hat gewonnen. Jeder Name aus der Gruppe darf aber nur einmal auf der Kopiervorlage erscheinen, um zu verhindern, dass die TN sich nur mit einer Person unterhalten.	Kopiervorlage Lektion 7/1	
Einzelarbeit	**AB 87/Ü10** Hörtextbasierte Wortschatzübung zum Thema „Einkaufsgewohnheiten“; auch als Hausaufgabe geeignet.	3 🔊 38	

Ich kann jetzt ...

SOZIALFORM	ABLAUF	MATERIAL	ZEIT
Einzelarbeit	Die TN markieren, was auf sie zutrifft.		

SPRECHEN 2

1 Auf dem Flohmarkt

SOZIALFORM	ABLAUF	MATERIAL	ZEIT
Partnerarbeit Plenum Partnerarbeit	a) Die TN überlegen, was sie verkaufen könnten, und machen eine Liste. **TIPP:** Bei so vielen Gegenstandslisten lohnt es sich, die Artikel zu überprüfen, zum Beispiel mit **Artikelgymnastik (Glossar → S. 164)**. Lesen Sie dazu jede Liste vor. Anschließend wählen die TN einen Gegenstand aus ihrer Liste aus.		
Partnerarbeit	b) Die TN beschreiben auf einer Karte / einem Stück Papier den Gegenstand wie im Beispiel. Sie können dazu ein Bild malen und es im Raum aufhängen. Auf diese Beschreibungen wird in Aufgabe 4 noch einmal zurückgegriffen.	evtl. Karten aus festem Papier	

2 Verkaufsgespräch

SOZIALFORM	ABLAUF	MATERIAL	ZEIT
Einzelarbeit	a) Die TN hören das Gespräch und markieren, was nicht passt. Stellen Sie im Anschluss sicher, dass die Bedeutung von „einen Preis bieten“ und „einen Preis verlangen“ allen TN klar geworden ist. *Lösung: Der Verkäufer bietet einen hohen Preis. / Der Käufer verlangt einen hohen Preis.*	2 🔊 12	
Einzelarbeit	b) Die TN hören das Gespräch noch einmal und notieren, wer was sagt. *Lösung: 1 V; 3 K; 4 K; 5 V; 6 K*	2 🔊 12	

3 Passiv in der Vergangenheit

SOZIALFORM	ABLAUF	MATERIAL	ZEIT
Einzelarbeit Plenum	Die TN suchen Passivsätze in Aufgabe 2b) und ergänzen die Tabelle. Kontrolle im Plenum. Weisen Sie die TN dann auf die Grammatikübersicht im Kursbuch (→ KB 88/1c) hin. *Lösung:* (siehe Tabelle unten)		
Einzelarbeit	**AB 88/Ü11** Grammatik entdecken: Passiv in der Vergangenheit; auch als Hausaufgabe geeignet.		
Einzelarbeit	**AB 88/Ü12** Anwendungsübung zum Passiv in der Vergangenheit; auch als Hausaufgabe geeignet.		

Lösung:

Position 1	Position 2		Satzende
Von diesen Schuhen	*sind*	nur wenige	*hergestellt worden.*
Die	*wurden*	doch überall ganz günstig	*verkauft!*
Sie	*wurden*	nie	*getragen.*

4 Verkaufsgespräche auf dem Flohmarkt

SOZIALFORM	ABLAUF	MATERIAL	ZEIT
Einzelarbeit	a) Teilen Sie den Kurs in zwei Gruppen auf: Verkäufer und Käufer. Die Verkäufer sehen sich die Gegenstände aus Aufgabe 1 an und wählen eine Karte mit einem Gegenstand aus.	Karten aus Aufgabe 1 b	
Einzelarbeit	b) Zur Vorbereitung des Rollenspiels schreiben die TN die Redemittel aus Aufgabe 2b auf Papierstreifen.	Papierstreifen	
Partnerarbeit	c) Wandeln Sie die Tische in Verkaufstische um. Die Verkäufer stellen sich hinter ihre Produkte und legen die Papierstreifen auf den Tisch, während die Käufer sich ein Produkt aussuchen, das sie gern kaufen möchten. Käufer und Verkäufer führen mithilfe der Redemittel Verkaufsgespräche. Helfen Sie bei Schwierigkeiten. Die TN tauschen auch mal die Rollen.	Karten aus Aufgabe 1 b, Papierstreifen aus Aufgabe 4 b	
Partnerarbeit	**AB 89/Ü13** Sprechübung zu Einkäufen im Internet, Anwendung der Passivformen in der Vergangenheit.		

Ich kann jetzt ...

SOZIALFORM	ABLAUF	MATERIAL	ZEIT
Einzelarbeit	Die TN markieren, was auf sie zutrifft.		
Plenum	**VERTIEFUNG:** Spielen Sie nicht nur Flohmarkt, sondern *machen* Sie einen Flohmarkt. Fordern Sie die TN auf, Gegenstände, die sie *wirklich* verkaufen wollen, mitzubringen, wie in Aufgabe 1 anzubieten und Verkaufsgespräche durchzuführen. Danach können Sie „Kommissare" festlegen, die herumlaufen und überprüfen, ob die Gegenstände wirklich verkauft worden sind: *Wie viel ist geboten worden? Wie viel ist bezahlt worden? Ist in bar gezahlt worden? Sind alle zufrieden?* etc.	Gegenstände für einen echten Verkauf	

LESEN 2

1 Gefahren beim Online-Shopping

SOZIALFORM	ABLAUF	MATERIAL	ZEIT
Plenum	a) Die TN berichten, was sie schon einmal online gekauft haben. Machen Sie eine Statistik an der Tafel. Was wird häufig online gekauft, was weniger? Fragen Sie die TN, was sie niemals online kaufen würden. Wenn TN im Kurs sind, die noch nie etwas online gekauft haben, fragen Sie nach dem Grund.		
Einzelarbeit Plenum	b)+c) Die TN sehen sich das Bild an und lesen die Einleitung zum Onlinekauf-Ratgeber. Danach kreuzen Sie die richtige Lösung an. Kontrolle im Plenum. *Lösung: einer Organisation zum Schutz der Verbraucher*		

Plenum	d) Die TN stellen Vermutungen an, worum es in dem Text, der auf die Einleitung folgt, geht. Die TN lesen den Lerntipp, schlagen ggf. das Wort *vermeiden* im Wörterbuch nach und äußern dann ihre Vermutungen im Plenum. **TIPP:** Der Lerntipp soll den TN helfen, Texte durch Aktivierung des Vorwissens besser zu verstehen. Je besser man sich durch sein Vorwissen auf den Inhalt „vorbereiten" kann, desto besser kann die neue Information mit dem bereits Bekannten verknüpft werden. Lernen ist dann umso erfolgreicher, je mehr inhaltsbezogenes Vorwissen zur Verfügung steht, d.h., diese Strategie bleibt bis in die oberen Niveaustufen interessant! **VERTIEFUNG:** In diesem Zusammenhang können Sie mit den TN auch das „suchende Lesen" üben. Zeigen Sie ihnen für wenige Sekunden zum Beispiel einen Medikamentenbeipackzettel über Overhead oder Beamer mit nur einem Arbeitsauftrag (zum Beispiel *Wie hoch ist die tägliche Dosierung des Medikaments?*). Es ist normal, dass die TN die Lösung nicht gleich finden. Üben Sie diese Methode auch mit anderen Textsorten, Gebrauchsanweisungen etc. und jeweils einer Aufgabe dazu. Geben Sie den Hinweis, wie man suchend liest: *Schauen Sie nach Schlüsselwörtern wie Namen oder Datumsangaben, Uhrzeiten und mathematischen Formeln.* Wer hat die Lösung als Erstes gefunden?	verschiedene Textsorten (Gebrauchsanweisung, Medikamentenbeipackzettel etc.)	

2 Ratgeber

SOZIALFORM	ABLAUF	MATERIAL	ZEIT
Plenum	Die TN lesen zuerst die Aussagen 1–4 und markieren die Schlüsselwörter. Machen Sie den TN bewusst, dass dies für viele eine effiziente Strategie für Leseaufgaben in Prüfungen ist. Danach lesen die TN den Text und suchen zu jeder Aufgabe die richtige Lösung. *Lösung: 1A, 2B, 3B, 4A*		
Einzelarbeit	**AB 89/Ü14** Schreibübung zum Thema Regeln für das Einkaufen, Anwendung der Passivform mit Modalverb		
Einzelarbeit	**AB 90–91/Ü15–16** Wortschatz- und Einsetzübungen zum Thema Einkaufen; auch als Hausaufgabe geeignet		

3 Passiv mit Modalverb

SOZIALFORM	ABLAUF	MATERIAL	ZEIT
Einzelarbeit	a) Die TN lesen das Beispiel und formulieren die Tipps um. *Lösung: Die Bestellung sollte vor dem Kauf überprüft werden. / Zusatzleistungen müssen nicht bezahlt werden. / Waren dürfen zurückgeschickt werden. / Der Kaufvertrag muss schriftlich widerrufen werden.*		

Einzelarbeit	b) Die TN ergänzen die Tabelle. Weisen Sie die TN auch auf die Grammatikübersicht im Kursbuch (→ KB 88/1d) hin. *Lösung:*		

Position 1	Position 2		Satzende
Die Bestellung	*sollte*	vor dem Kauf	*überprüft werden.*
Zusatzleistungen	*müssen*	nicht	*bezahlt werden.*
Waren	*dürfen*		*zurückgeschickt werden.*
Der Kaufvertrag	*muss*	schriftlich	*widerrufen werden.*

Ich kann jetzt ...

SOZIALFORM	ABLAUF	MATERIAL	ZEIT
Einzelarbeit	Die TN markieren, was auf sie zutrifft.		
Gruppen- arbeit	Die TN geben Tipps für den Kursraum, zum Beispiel *Die Küche muss jeden Tag aufgeräumt werden. Die Tische sollen geputzt werden. Die Wände können neu gestrichen werden.* etc. Welche Tipps könnten umgesetzt werden? Sprechen Sie darüber mit den TN.		

WORTSCHATZ

1 Einkaufsgewohnheiten

SOZIALFORM	ABLAUF	MATERIAL	ZEIT
Partnerarbeit Plenum	a)+b) Die TN machen Wortigel zu Einkaufsgewohnheiten und sprechen anschließend über ihre eigenen. Schön ist es, wenn die Wortigel auf Plakate geschrieben und danach im Raum aufgehängt werden können.	Plakate	
Einzelarbeit	**AB 91/Ü17** Erweiternde Hörverstehensübung; auch als Hausaufgabe geeignet.	3 🔊 39	

2 Über Geld sprechen

SOZIALFORM	ABLAUF	MATERIAL	ZEIT
Einzelarbeit Plenum	a) Die TN ordnen die Aussagen den Personen zu. Kontrolle im Plenum. *Lösung: A: seine Kreditkarte ist gesperrt, überzieht sein Konto, bezahlt seine Rechnungen oft zu spät, bekommt wenige Zinsen, muss einen Kredit aufnehmen. B: hat immer Bargeld dabei, bekommt jedes Jahr viele Zinsen, kann die Mitte pünktlich überweisen, bezahlt auch größere Beträge oft bar, legt ihr / sein Geld an, hat immer Geld auf dem Konto*		
Einzelarbeit Plenum	b) Die TN erzählen, welche der Aussagen auf sie zutreffen und welche nicht. **TIPP:** Geld ist für viele Menschen ein sehr sensibles Thema und kann in manchen Kurskontexten problematisch sein. Achten Sie darauf, dass die Atmosphäre im Kurs stimmt, bevor Sie Aufgabe 2b bearbeiten.		
Einzelarbeit	**AB 91/Ü18** Übung zu Kollokationen rund ums Geld; auch als Hausaufgabe geeignet.		

3 Nachsilben

SOZIALFORM	ABLAUF	MATERIAL	ZEIT
Einzelarbeit Plenum	Die TN ergänzen die Artikel. Danach markieren sie die Nachsilben und ergänzen die Tabelle. Kontrolle im Plenum. Weisen Sie die TN auch auf die Grammatikübersicht im Kursbuch (→ KB 88/2) hin. *Lösung: der Banker, die Bäckerei, die Elektronik, der Elektronikhändler, die Garantie, die Industrie, das Kästchen, der Praktikant, der Student, die Mehrheit, das Päckchen, die Quittung, die Rechnung, die Sicherheit, der Verkäufer, die Werbung* *Lösung: -er, ... → der; -chen → das; -ung, ... → die*		
Einzelarbeit	**AB 91–92/Ü19–20** Wortbildungsübungen zu Nomen; auch als Hausaufgabe geeignet.		

Ich kann jetzt ...

SOZIALFORM	ABLAUF	MATERIAL	ZEIT
Einzelarbeit	Die TN markieren, was auf sie zutrifft.		
Plenum	**VERTIEFUNG:** Lassen Sie die TN eine **Merkkette (Glossar → S.166)** zum Wortfeld *Geld* wie im Beispiel machen: *Ich kann Geld sparen./ Max kann Geld sparen und ich kann Geld überweisen. Max kann Geld sparen, Moritz kann Geld überweisen und ich kann Geld abheben. ...* **TIPP:** Beginnen Sie nach einer Weile eine neue Merkkette, zum Beispiel zum Wortfeld „Konto" oder „Münzen".		
Plenum	**VERTIEFUNG:** Nennen Sie Nomen (verstärkt mit Nachsilben aus 3) und fordern Sie die TN auf, den richtigen Artikel zu nennen und ggf. die Begründung dafür, falls es eine gibt.		

SCHREIBEN

1 Online einkaufen

SOZIALFORM	ABLAUF	MATERIAL	ZEIT
Partnerarbeit Plenum	Die TN gehen zu zweit zusammen und befragen sich anhand der Fragen zu ihren letzten Interneteinkäufen. Anschließend präsentieren sie die Antworten ihrer Lernpartnerin / ihres Lernpartners im Plenum. **INTERKULTURELLES:** Fragen Sie die TN, wie üblich das Shoppen im Internet in Ihrem Heimatland ist.		

2 Wie funktioniert Online-Shopping?

SOZIALFORM	ABLAUF	MATERIAL	ZEIT
Partnerarbeit Plenum	a)+b) Die TN finden die richtige Reihenfolge und erklären dann mithilfe der Konnektoren den Ablauf. Kontrolle im Plenum. *Lösung: 2 im Online-Katalog die Ware aussuchen; 3 ein Online-Bestellformular ausfüllen; 4 meine persönlichen Daten im Formular eingeben; 5 per Karte oder Überweisung bezahlen; 6 die Warensendung annehmen.*		

3 Einen Meinungsbeitrag schreiben

SOZIALFORM	ABLAUF	MATERIAL	ZEIT
Einzelarbeit	a) Die TN markieren die positiven Meinungen zum Online-Shopping. *Lösung: Laila A., Jigar B.*		
Einzelarbeit Plenum	b) Die TN schreiben die passenden Zeichen hinter die Stichworte. Kontrolle im Plenum. *Lösung: nötige Technik -, Verhalten der Käufer -, Zeitaufwand +*		
Einzelarbeit	c) Weisen Sie die TN noch einmal auf alle Redemittel hin und lassen Sie sie dann einen Text für das Forum schreiben. Wenn möglich, sammeln Sie die Texte ein und bereiten Sie eine individuelle Fehlerkorrektur vor.		
Einzelarbeit Plenum	**AB 92/Ü21** Übung zur Anwendung der Redemittel „Die eigene Meinung äußern". Fordern Sie die TN nach Abschluss der Übung auf, ihre eigene Meinung zu dem Thema zu sagen.		

Ich kann jetzt ...

SOZIALFORM	ABLAUF	MATERIAL	ZEIT
Einzelarbeit	Die TN markieren, was auf sie zutrifft.		
Plenum	Die TN sagen im **Blitzlicht (Glossar → S. 164)** ihre Meinung zu dem Thema „Online-Shopping": Die TN werden dabei gebeten, nur einen Satz, der ihnen blitzartig zum Thema einfällt, zu sagen.		

HÖREN

1 Eine Radiosendung

SOZIALFORM	ABLAUF	MATERIAL	ZEIT
Partnerarbeit	a) Die TN sehen die Fotos an und lesen die Aufgabenstellung. Sie sprechen über ihre Vermutungen und schreiben zwei Sätze dazu auf.		
Partnerarbeit Plenum	b) Die TN hören den Anfang der Sendung und überprüfen ihre Vermutungen. Kontrolle im Plenum.	2 🔊 13	
Einzelarbeit	c) Die TN hören die Sendung in drei Abschnitten. Lassen Sie zwischendurch immer eine Pause, damit die TN die Antworten markieren können. *Lösung:* Beate & Ludwig: *1, 2, 4: Übersetzer;* Karin & Stefan: *4: Computerfachmann;* Michaela & Robbie: *1, 2, 3, 4: Elektriker*	2 🔊 14–16	
Einzelarbeit Plenum	d) Die TN hören die Sendung noch einmal und markieren, welche Aussage zu welchem Paar passt. Kontrolle im Plenum. *Lösung: 1 Ludwig; 2 Beate; 4 Karin; 5 Michaela; 6 Robbie*	2 🔊 17	

2 Meinungen äußern

SOZIALFORM	ABLAUF	MATERIAL	ZEIT
Gruppenarbeit	Die TN unterhalten sich in Kleingruppen und fassen dann für die anderen im Plenum zusammen. Weisen Sie darauf hin, dass es nicht darum geht, sich in der Gruppe auf eine Meinung zu einigen, sondern dass die Gruppensprecherin / der Gruppensprecher auch unterschiedliche Ansichten berichten sollte. **INTERKULTURELLES:** Da diese Rollenverteilung – ob nun gewollt oder nicht – in vielen Ländern sehr unüblich ist, eignet sich das Thema auch für einen interkulturellen Vergleich. Schreiben Sie also weitere Diskussionspunkte an die Tafel: zum Beispiel *Was würde die Familie des Mannes in Ihrem Heimatland dazu sagen, wenn die Frau die Verdienerin wäre und der Mann putzen würde?* etc.		
Einzelarbeit	**AB 93/Ü22** Wortschatzübung zum Thema „Rollentausch“; auch als Hausaufgabe geeignet.		

Ich kann jetzt ...

SOZIALFORM	ABLAUF	MATERIAL	ZEIT
Einzelarbeit	Die TN markieren, was auf sie zutrifft.		

SEHEN UND HÖREN

1 Das Deutschlandlabor: Geld

SOZIALFORM	ABLAUF	MATERIAL	ZEIT
Einzelarbeit Plenum	a) Die TN sehen sich zunächst den Anfang des Films ohne Ton an. Sie äußern ihre Vermutungen für welches Publikum dieser Film ist und begründen ihre Vermutungen. Danach ordnen sie die Stichpunkte nach der Reihenfolge. Kontrolle im Plenum. *Lösung: 1 Vorstellung Deutschlandlabor, 2 Fakten: Geld in Deutschland, 3 Meinungen: Menschen auf der Straße, 4 Beispiel: „Die Tafel“ in Berlin, 5 Aufgabe für die Moderatoren, 6 Abschluss*	26	
Einzelarbeit	b) Die TN sehen sich den ganzen Film mit Ton an und vergleichen die Reihenfolge ihrer Stichpunkte.	25	
Einzelarbeit Plenum	c) Die TN sehen die Reportage in Abschnitten an. Abschnitt 2: Die TN sehen sich den zweiten Abschnitt an und ergänzen die Informationen. Kontrolle im Plenum. *Lösung: 9,3 Billionen, Ein Drittel, einem Prozent, 30 000, zwei oder mehr* Abschnitt 3: Die TN sehen sich den dritten Abschnitt an und machen sich Notizen darüber, wie wichtig Geld für die Personen im Film ist. Danach sprechen sie im Plenum über ihre Notizen und die Filmsequenz. Abschnitt 4: Die TN sehen sich den vierten Abschnitt zunächst ohne Ton an. Dann äußern sie im Plenum wen und was sie gesehen haben. Danach schauen sie sich den Abschnitt mit Ton an und beantworten die Fragen. Kontrolle im Plenum. Abschnitt 5: Die TN haben den Film bereits einmal ganz gesehen. Sie äußern sich darüber, welche Aufgaben die Moderatoren haben und was sie machen. Sammeln Sie die Stichpunkte an der Tafel. Danach schauen sich die TN den letzten Abschnitt des Films an.	27 28 29 30	

2 Ihr Kommentar

SOZIALFORM	ABLAUF	MATERIAL	ZEIT
Gruppen-arbeit Plenum	Teilen Sie den Kurs in Vierergruppen. Die TN sprechen in der Gruppe, wie ihnen der Film gefallen hat, was sie Neues gelernt haben und wozu sie gern noch mehr sehen würden.		

Mein Dossier

SOZIALFORM	ABLAUF	MATERIAL	ZEIT
Einzelarbeit	**AB 93/Ü23** Meine Spartipps: Reflexion zum eigenen Umgang mit Geld. Die TN machen eine Liste, wofür sie Geld ausgeben und wo sie ihrer Meinung nach zukünftig Geld einsparen können. Sie sammeln Spartipps aus den Medien und von Bekannten. Auch als Hausaufgabe geeignet.		

Ich kann jetzt ...

SOZIALFORM	ABLAUF	MATERIAL	ZEIT
Einzelarbeit	Die TN markieren, was auf sie zutrifft.		

AUSSPRACHE: Kurze und lange Vokale (Arbeitsbuch → AB 94)

1 Spiel: Namen mit kurzen und langen Vokalen

SOZIALFORM	ABLAUF	MATERIAL	ZEIT
Plenum	a) Kopieren Sie die Kopiervorlage Lektion 7/2a je nach Kursgröße ein- bis zweimal und schneiden Sie Namenskärtchen aus. Jeder TN erhält ein Namenskärtchen. Ein/e TN beginnt, sagt den „neuen" Namen und ruft einen anderen Namen auf. **FOKUS PHONETIK:** Im Deutschen sind Vokale in offenen Silben (ohne nachfolgenden Konsonanten) meist lang. Das trifft auch dann zu, wenn die Silbe in der aktuellen Wortform nicht offen ist, aber geöffnet werden kann: *Weg* → *We-ge, Hut* → *Hü-te, Tag* → *Ta-ge*. In geschlossenen Silben – die nicht geöffnet werden können – kommen meist kurze Vokale vor: *weg, Hun-de, Näch-te*. **VERTIEFUNG:** Jede/r TN erhält ein Kärtchen der Kopiervorlage Lektion 7/2b und sucht ihre/seine Familie, indem jede/r sich vorstellt und so lange mit den anderen TN spricht, bis die Familien komplett sind. **TIPP:** Diese Übung eignet sich auch als Gruppenfindung in einer anderen Lernphase.	Kopiervorlage Lektion 7/2	
Einzelarbeit	b) Die TN hören die Wörter und markieren, wo sie lange Vokale hören.	3 🔊 40	

2 Hördiktat

SOZIALFORM	ABLAUF	MATERIAL	ZEIT
Einzelarbeit	a)+b) Die TN hören und ergänzen. Im Anschluss sprechen sie die Wörter nach. **TIPP:** Es ist hilfreich, wenn Sie bei der Einführung von neuem Vokabular einen Punkt unter kurze Vokale und einen Strich unter lange Vokale setzen (zum Beispiel: *rate – Ratte*). So sehen die TN von Anfang an, wie das Wort richtig betont wird und können es sich dementsprechend merken. Weisen Sie die TN auch darauf hin, dass scheinbar geringfügige lautliche Unterschiede zu Missverständnissen führen können: *Fühler – Füller, Ruhm – Rum, Röslein – Rösslein* etc.	3 🔊 41	

3 Flohmarkteinkäufe

SOZIALFORM	ABLAUF	MATERIAL	ZEIT
Einzelarbeit	a) Die TN hören und ergänzen.	3 🔊 42	
Plenum Einzelarbeit	b) Die TN hören ggf. noch einmal und umkreisen die langen Vokale. Machen Sie das erste Beispiel gemeinsam im Plenum, wenn nötig.	3 🔊 42	
Gruppen- arbeit	c) Teilen Sie den Kurs in mehrere Gruppen. Die TN in ihrer Gruppe schreiben eine Geschichte aus den Wörtern aus a. Dann lesen sie den anderen Gruppen ihre Geschichte vor. Diese heben den linken Arm, wenn sie einen kurzen Vokal hören, und den rechten Arm, wenn sie einen langen Vokal hören. Helfen Sie bei Schwierigkeiten. **TIPP:** Diese Dreifachverbindung aus Hören, Bewegung und Koordination ist sehr anspruchsvoll. Manchmal hört man zwar richtig, ob der Vokal kurz oder lang ist, entscheidet sich aber für den falschen Arm oder umgekehrt. Animieren Sie die TN dazu, sich bei dieser Aufgabe gut zu konzentrieren.		

LERNWORTSCHATZ (Arbeitsbuch → AB 95)

SOZIALFORM	ABLAUF	MATERIAL	ZEIT
Einzelarbeit	**LERNSTRATEGIE-TIPP 7:** Regen Sie an, dass die TN Kollokationen immer als komplette Wortverbindungen aufschreiben und lernen, zum Beispiel *an die Reihe kommen, einen Kredit aufnehmen* etc.		

LEKTIONSTEST 7 (Arbeitsbuch → AB 96)

SOZIALFORM	ABLAUF	MATERIAL	ZEIT
Einzelarbeit	Mithilfe des Lektionstests haben die TN die Möglichkeit, ihr neues Wissen in den Bereichen Wortschatz, Grammatik und Redemittel zu überprüfen. Wenn die TN mit einzelnen Bereichen noch Schwierigkeiten haben, können sie gezielt noch einmal einzelne Module wiederholen.		

REFLEXION DER LEKTION

SOZIALFORM	ABLAUF	MATERIAL	ZEIT
Gruppen-arbeit	**VERTIEFUNG 1:** Die TN wählen ein Wortfeld aus: *Geld, Einkaufen im Internet, Flohmarkt, Einkaufsverhalten.* Sie blättern in Gruppen noch einmal durch die Lektion und formulieren dann jeweils eine Aufgabe zum Wortschatz, zum Passiv, zu Nachsilben. Diese Aufgaben stellen sie dann den anderen Gruppen, ggf. wieder über die **Expertengruppen-Methode (Glossar → S. 165).** **VERTIEFUNG 2:** Denken Sie sich Themen und Situationen aus (zum Beispiel Lebensmittel, Kleidungsstücke, Städtenamen, ...), mit denen man spezifische phonetische Probleme üben kann. Sammeln Sie zum Beispiel mit den TN Wortmaterial für lange und kurze Vokale. Lassen Sie die TN die gesammelten Wörter aufschreiben und fordern Sie sie auf, lange und kurze Vokale zusätzlich zu Punkten und Strichen mit unterschiedlichen Farben zu markieren. Zum Beispiel Lebensmittel (lassen sich gut mit einem Wortigel darstellen): Brot, Brötchen, Kuchen, Butter, Ei, Käse, Wurst, Salat, Kaffee, Müsli, Quark, Apfel.		

EINSTIEG

1 Lernphasen im Leben

SOZIALFORM	ABLAUF	MATERIAL	ZEIT
Einzelarbeit	a) Die TN überlegen, in welchem Alter ein Mensch etwas lernt und ergänzen. Sie können auch noch weitere typische Aktivitäten hinzufügen: *Auto fahren, einen Beruf erlernen, eine Ausbildung machen, ...* *Beispiellösung: Fahrrad fahren – mit 4 Jahren, ein Musikinstrument spielen – mit 8 Jahren, kurze Sätze sprechen – mit 2 Jahren, kurze Texte lesen und schreiben – mit 7 Jahren, schwimmen – mit 6 Jahren, laufen – mit 1 Jahr*		
Partnerarbeit Plenum	b) Die TN sprechen zunächst zu zweit, dann im Plenum über ihre Ergebnisse.		
Plenum	c) Die TN diskutieren darüber, was man weltweit im gleichen Alter lernt und wo es Unterschiede gibt und warum das so sein könnte.		
Plenum	d) Die TN nennen ihre Vermutungen. Schreiben Sie sie an die Tafel. Sprechen Sie im Plenum darüber. Geben Sie den TN dann noch mehr Hintergrundwissen: Bis zur Pubertät hat jeder Mensch eine Fülle von Synapsenverbindungen, das heißt, wenn eine Information das Gehirn erreicht, kann sie schnell verarbeitet werden. Nach der Pubertät nimmt die Zahl der Synapsenverbindungen stark ab. Dann kann man „nur" noch schnell auf den „Straßen" im Kopf fahren, die schon vorher gebaut wurden. Hat man als Kind also ganz unterschiedliche Dinge gelernt, sind viele „Straßen" schon angelegt; ist das nicht der Fall, ist es mühseliger, weil es nicht mehr so viele Synapsenverbindungen gibt. Der Vorteil eines Erwachsenen gegenüber einem Kind ist, dass sie/er weiß, wie die „gebauten Straßen" zu vernetzen sind, und somit „logischer" ans Ziel kommt. Deshalb lernen Erwachsene eine Fremdsprache auch mit grammatischen Regeln, ein Kind über Ausprobieren und Wiederholen. Ein großes Problem im Erwachsenenalter ist die Aussprache. Jedes Baby ist in der Lage, jede Sprache der Welt artikulieren zu können, aber schon nach zwölf Monaten lässt diese Fähigkeit stark nach und fokussiert sich auf die Artikulation der Muttersprache(n). Aktuelle Studien beweisen, dass Lernen aber bis ins hohe Alter möglich ist, weil immer wieder neue Synapsenverbindungen hergestellt werden können, wenn auch nicht in dem Maße wie im Kindesalter.		
Einzelarbeit Plenum	**AB 97/Ü1–2** Wortschatzwiederholung zum Thema „Lernen". Nach dem Lösen der Übungen ist eine gemeinsame Vertiefung sinnvoll. Jede/r TN macht zunächst eine **Wörterbörse (Glossar → S. 168)** zum Thema „Lernen". Die TN suchen dabei fünf Wörter aus dem Arbeitsbuch (→ AB 97/1+2) heraus und machen mit diesen Wörtern einen Wortigel. Dieser wird mit einer anderen / einem anderen TN getauscht. Zu den neuen Wörtern schreibt jede/r TN spontan eine Geschichte, hier zum Thema „Lernen".		
Einzelarbeit	**AB 97/Ü3** Hör-/Wortschatzübung zum Thema „Was lernt man in welchem Alter?"	3 🔊 43	

LESEN

1 Was ich gern lernen oder erfahren möchte

SOZIALFORM	ABLAUF	MATERIAL	ZEIT
Partnerarbeit	Die TN lesen die Themenbereiche und nennen, wofür sie sich am meisten interessieren würden. **VERTIEFUNG:** Bringen Sie aktuelle Programme einer VHS mit und lassen Sie die TN darin blättern oder sogar einen Kurs auswählen. Oder machen Sie mit dem Kurs sogar einen Ausflug in die VHS und lassen Sie sich dort direkt beraten; umso authentischer Kommunikation abläuft, desto besser ist es für die Sprachentwicklung.	VHS-Programme	
Einzelarbeit	**AB 98/Ü4** Internetrecherche zu VHS-Kursangeboten, angelehnt an *Wussten Sie schon?* im Kursbuch (→ KB 90/1).	VHS-Angebote im Internet	

2 Kursangebote der Volkshochschule

SOZIALFORM	ABLAUF	MATERIAL	ZEIT
Plenum	a) Die TN lesen die Überschriften der Kursangebote und ordnen zu. *Lösung: Mensch, ...: E, G, H; Kultur ...: F; Gesundheit ...: C; Berufliche Weiterbildung ...: A, B, D*		
Plenum Einzelarbeit Plenum	b) Lesen Sie zunächst gemeinsam den Tipp. Fragen Sie die TN, was Schlüsselwörter sind und suchen Sie sie gemeinsam in Situation 1. **TIPP:** Schlüsselwörter sind Reizwörter, die für das Nacherzählen eines Textes notwendig sind. Es sind meistens Nomen oder Verben, seltener Adjektive und fast nie andere Wortgruppen. Die TN unterstreichen zu zweit Schlüsselwörter in den Situationen 2–6. Dann lesen Sie die Texte und suchen nach Informationen, die zu den Schlüsselwörtern passen. Kontrolle im Plenum. Regen Sie ein Gespräch über die Strategien an, die die TN beim Lösen der Aufgabe angewendet haben. *Lösung: 1F, 2E, 3G, 4D, 5X, 6H* Wer schneller fertig ist, unterstreicht alle Verben zum Thema „Lernen“. Fragen Sie danach diese TN, welche Verben häufig vorkommen (zum Beispiel *erfahren, erhalten*).		
Plenum Partnerarbeit	c) Die TN nennen ihre Favoriten und begründen ihre Wahl. **VERTIEFUNG:** Mithilfe des VHS-Kursprogramms vor Ort können Sie gemeinsam „richtige“ Kurse für die TN suchen, Informationen am Telefon erfragen und ggf. sogar eine Anmeldung durchführen.		
Einzelarbeit	**AB 99/Ü5** Wortschatzübung zum Thema „Aktivitäten“; auch als Hausaufgabe geeignet.		

3 Genitiv

<table>
<tr><th>SOZIALFORM</th><th>ABLAUF</th><th>MATERIAL</th><th>ZEIT</th></tr>
<tr><td>Einzelarbeit</td><td>a) Die TN sehen sich die Beispiele aus dem Kursprogramm an und markieren die Genitivsignale. Weisen Sie die TN dann auf die Grammatikübersicht im Kursbuch (→ KB 100/1) hin.
Lösung:
Optimierung der persönlichen Bearbeitungszeit, Suche passender Stellenanzeigen Anleitung eines professionellen Schauspielers, Ausdruckskraft Ihrer Stimme, Bedeutung der wichtigsten amtsdeutschen Ausdrücke, Situation einer freundlichen Servicekraft, Bewegungsabläufe des klassischen Yogas</td><td></td><td></td></tr>
<tr><td>Partnerarbeit
Plenum</td><td>b) Die TN ordnen die Beispiele zu und ergänzen eigene.
Kontrolle im Plenum.
(Beispiel)lösung:
<table>
<tr><th colspan="4">Singular</th><th>Plural</th></tr>
<tr><td></td><td>Maskulinum</td><td>Neutrum</td><td>Femininum</td><td></td></tr>
<tr><td>Definiter Artikel</td><td>Zusammenfassung des Kurses</td><td>Bewegungsabläufe des klassischen Yogas</td><td>Optimierung der persönlichen Arbeitszeit</td><td>Bedeutung der wichtigsten amtsdeutschen Ausdrücke</td></tr>
<tr><td>Indefiniter Artikel</td><td>Anleitung eines professionellen Schauspielers</td><td>Geschwindigkeit eines Autos</td><td>Situation einer freundlichen Servicekraft</td><td>Suche passender Stellenanzeigen</td></tr>
<tr><td>Possessivartikel</td><td>Bellen deines Hundes</td><td>Überzeugung meiner Mutter</td><td>Ausdruckskraft Ihrer Stimme</td><td>Unterlagen eurer Reise</td></tr>
</table></td><td></td><td></td></tr>
<tr><td>Einzelarbeit</td><td>AB 99/Ü6 Grammatik entdecken: Genitive im Text suchen, in der Tabelle ordnen und systematisieren.</td><td></td><td></td></tr>
<tr><td>Einzelarbeit</td><td>AB 99/Ü7 Grammatikübung: Artikel im Genitiv; auch als Hausaufgabe geeignet.</td><td></td><td></td></tr>
<tr><td>Einzelarbeit</td><td>AB 100/Ü8 Grammatikübung: Präpositionen im Dativ, Akkusativ und Genitiv, dann Systematisierung.</td><td></td><td></td></tr>
<tr><td>Einzelarbeit</td><td>AB 100/Ü9 Grammatik entdecken: Adjektive im Genitiv, Tabelle mit Pfeilen.</td><td></td><td></td></tr>
<tr><td>Einzelarbeit</td><td>AB 101/Ü10 Grammatikübung: Adjektivdeklination im Genitiv; auch als Hausaufgabe geeignet.</td><td></td><td></td></tr>
</table>

Ich kann jetzt ...

SOZIALFORM	ABLAUF	MATERIAL	ZEIT
Plenum	Die TN markieren, was auf sie zutrifft.		
Plenum	**VERTIEFUNG:** Falls noch nicht im Unterricht behandelt: Die TN geben an, für welchen Kurs sie sich entschieden haben und warum.		

SPRECHEN

1 Lebenslanges Lernen

SOZIALFORM	ABLAUF	MATERIAL	ZEIT
Einzelarbeit Plenum	a)+b) Die TN schreiben Fertigkeiten auf und vergleichen im Kurs. **TIPP:** Interessanter wird die Aktivität, wenn die TN irgendwo eine **Lüge (Glossar → S. 166)** unterbringen, und die anderen raten müssen, was falsch ist. Das kann sowohl die Fertigkeit selbst sein als auch, von wem man etwas gelernt hat.		
Plenum	c) Fragen Sie die TN nach den Ergebnissen und machen Sie an der Tafel eine Kursstatistik. Die TN werten diese dann sprachlich mithilfe der Redemittel aus.		
Einzelarbeit	**AB 101/Ü11** Sprichwörter und Zitate zum Thema „Lernen"; sprechen Sie im Kurs über die Aussagen. Fragen Sie, welche Sprichwörter/Zitate die TN besonders ansprechen und warum.		

2 Fortbildungsangebote

SOZIALFORM	ABLAUF	MATERIAL	ZEIT
Einzelarbeit Partnerarbeit	Die TN wählen entweder einen Kurs aus dem VHS-Programm im Buch (KB 91) oder recherchieren im Internet im Kursprogramm eines lokalen Anbieters. Danach sprechen sie mit ihrem Lernpartner / ihrer Lernpartnerin über ihre Kursauswahl.	Internet Kursprogramme	

3 Lernen und Prüfungsvorbereitung

<table>
<tr><th>SOZIALFORM</th><th>ABLAUF</th><th>MATERIAL</th><th>ZEIT</th></tr>
<tr><td>Plenum</td><td>a) Die TN stellen Vermutungen an, auf welche Prüfung sich die dargestellten Personen vorbereiten.
Lösung: Lösung: A Führerscheinprüfung, B Abschlussprüfung einer Ausbildung (Koch / Köchin), C Deutschprüfung</td><td></td><td></td></tr>
<tr><td>Gruppenarbeit</td><td>b) Die TN überlegen sich Vor- und Nachteile der einzelnen Kursarten und schreiben sie in die Tabelle.
Lösungsvorschlag:
<table>
<tr><th></th><th>Gruppenkurs mit Lehrer</th><th>Online-Übungen</th><th>Vorbereitung mit einem Lernpartner</th></tr>
<tr><td>Vorteile</td><td>Lernen mit anderen motiviert, man ist an fest Zeiten gebunden, man lernt voneinander</td><td>man überlegt selbst, was man wo und wann lernen will, man hat keinen langen Weg zum Lernort, man hat sein eigenes, persönliches Lerntempo</td><td>man kann das lernen nicht aufschieben, man bekommt eventuell Anregungen der anderen Person, der Lernpartner kann etwas erklären</td></tr>
<tr><td>Nachteile</td><td>man kann nicht im eigenen Tempo lernen, ist zeitlich und räumlich gebunden, wird womöglich abgelenkt</td><td>man ist abhängig von der Technik, man kann niemanden direkt und schnell fragen, man muss sich selbst motivieren weiterzumachen</td><td>s. Gruppenkurs</td></tr>
</table></td><td></td><td></td></tr>
</table>

Partnerarbeit	c) Die TN lesen jeweils ein Argument und berichten ihrem Lernpartner / ihrer Lernpartnerin davon.		
Einzelarbeit	**AB 102/Ü12** Vor- und Nachteile beim Online-Lernen. Diese Übung eignet sich gut, um die Lösung im Kursbuch 3b zu überprüfen; auch als Hausaufgabe geeignet.		
Einzelarbeit	**AB 102/Ü13** Übung zur Anwendung der Redemittel; auch als Hausaufgabe geeignet.		

4 Diskussion

SOZIALFORM	ABLAUF	MATERIAL	ZEIT
Gruppenarbeit	a) Die TN wählen eine Prüfung aus.		
Gruppenarbeit	b) Die TN diskutieren mithilfe der Redemittel über die Vor- und Nachteile der einzelnen Prüfungsvorbereitungsarten. Sie berichten über ihre eigenen Erfahrungen.		

Ich kann jetzt ...

SOZIALFORM	ABLAUF	MATERIAL	ZEIT
Einzelarbeit	Die TN markieren, was auf sie zutrifft.		
Gruppenarbeit	**VERTIEFUNG:** Schreiben Sie Redemittel zum Thema „Über Vor- und Nachteile sprechen“ jeweils auf Kärtchen und stecken Sie diese in die Wiederholungskiste **(Glossar → S. 168)**. Sie können zu einem späteren Diskussionszeitpunkt wieder benutzt werden.	Kärtchen, Briefumschläge, Wiederholungskiste	

HÖREN 1

1 Freude am Lernen?

SOZIALFORM	ABLAUF	MATERIAL	ZEIT
Plenum	Die TN sehen sich die Bilder und die Begriffe an und diskutieren darüber, welche Faktoren das Lernen positiv bzw. negativ beeinflussen.		

2 Eine Gesprächsrunde

SOZIALFORM	ABLAUF	MATERIAL	ZEIT
Plenum	a) Die TN hören die Gesprächsrunde zum Thema „Effizienter Lernen“ und unterstreichen in Aufgabe 1 die genannten Faktoren. *Lösung: Zeitdruck, Lernstoff, Motivation, stressfrei lernen, Prüfungsangst, sich organisieren, effizient sein, Atmosphäre, Lernorte, Wiederholung*	2 🔊 18	
Einzelarbeit	b) Die TN hören die Gesprächsrunde erneut und markieren, wer was gesagt hat. *Lösung: 1 Moderator, 2 M. Ampidou, 3 M. Ampidou, 4 Herr Steffen, 5 M. Ampidou, 6 Herr Steffen, 7 Herr Steffen, 8 Moderator, 9 Herr Steffen*	2 🔊 18	
Partnerarbeit	Die TN sprechen zu zweit über das Gehörte.		

3 Position von *nicht*

SOZIALFORM	ABLAUF	MATERIAL	ZEIT
Einzelarbeit	a) Die TN ergänzen *nicht* an den richtigen Stellen. *Lösung: b Viele Menschen, die einen bestimmten Lernstoff beherrschen wollen, kennen nämlich die wichtigsten Regeln für effizientes Lernen nicht. c Für manche ist der ideale Lernplatz eben nicht am Schreibtisch. d Verzichten Sie beim Lernen nicht auf regelmäßige Pausen! e Das Gelernte sollte nicht täglich wiederholt werden. f Aber beim Wiederholen des Stoffs sollte man sich möglichst nicht langweilen.*		
Einzelarbeit	b) Die TN hören die Aussagen noch einmal und kontrollieren ihre Eintragungen. Bitten Sie die TN, beim nächsten Hören den Satzakzent zu markieren. Spielen Sie die Aussagen erneut vor. Die TN vergleichen im Plenum. Spielen Sie die Aussagen erneut vor, die TN sprechen nach.	2 🔊 19	
Partnerarbeit	c) Die TN ergänzen die Regeln in den Sätzen von Aufgabe 3a. Weisen Sie die TN auch auf die Grammatikübersicht im Kursbuch (→ KB 100/2) hin. *Lösung: 1: b, f; 2: a, c, d, e*		
Einzelarbeit Plenum	d) Die TN ordnen die Aussagen den Bildern zu und bilden Sätze mit und ohne *nicht*. Kontrolle im Plenum. Bitten Sie die TN, besonders auf den Satzakzent zu achten. *Lösung: Ramon verdient gut. / Anita verdient nicht gut; Ramon ist nicht arbeitslos. / Anita ist arbeitslos; Elio wird bei Prüfungen nervörs. / Marian wird bei Prüfungen nicht nervös; Elio bereitet sich nicht mit Medien auf die Prüfung vor. / Marian bereitet sich mit Medien auf die Prüfung vor; Elio lernt nicht in einer Lerngruppe. / Marian lernt in einer Lerngruppe.*		
Einzelarbeit	**AB 103/Ü14** Grammatikwiederholung: Negationswörter.		
Einzelarbeit	**AB 103/Ü15** Grammatik entdecken: Die Position von *nicht*.		
Einzelarbeit	**AB 103–104/Ü16–17** Weiterführende Übungen zu *nicht;* auch als Hausaufgabe geeignet.		

Ich kann jetzt ...

SOZIALFORM	ABLAUF	MATERIAL	ZEIT
Einzelarbeit	Die TN markieren, was auf sie zutrifft.		

SCHREIBEN

1 Ein Jugendmagazin

SOZIALFORM	ABLAUF	MATERIAL	ZEIT
Plenum Gruppenarbeit Plenum	Die TN äußern ihre Vermutungen. **VERTIEFUNG:** Lassen Sie die TN für die beiden Mädchen auf dem Titelbild einen Fantasie-Lebenslauf entwickeln. Fragen Sie: *Auf welche Schulen sind sie jeweils gegangen, wie wurden sie gefördert, was machen ihre Eltern? Was machen sie in ihrer Freizeit?* etc. Jeweils eine Person aus der Gruppe stellt eines der Mädchen vor. *Kinder die aus finanziellen ...*		

2 Beitrag in einem Online-Gästebuch

SOZIALFORM	ABLAUF	MATERIAL	ZEIT
Plenum	a) Die TN lesen den Online-Eintrag. Sprechen Sie im Kurs darüber, welche weiteren Maßnahmen auch sozial gerechter wären.		
Einzelarbeit	**AB 104/Ü18** Wortschatzübung zum Thema „Bildungssystem". **LANDESKUNDE:** In der Schweiz gehen die Kinder mit sechs Jahren in die Primarschule, nach sechs Jahren in die Sekundarstufe I. Danach gibt es mehrere Möglichkeiten: Fachmittelschule, Maturitätsschule oder Berufsschule. Die Schule in Österreich beginnt mit sechs Jahren mit der Volksschule. Nach vier gemeinsamen Jahren dort können die Kinder danach zwischen der Hauptschule und der AHS (Allgemeinbildende Höhere Schule)-Unterstufe wählen. Diese schließt man dann nach der AHS-Oberstufe ab (wird auch Gymnasium genannt). Dort kann man nach weiteren vier Jahren die Matura machen. Es gibt aber auch das Polytechnikum, welches viele nach der AHS-Unterstufe wählen, um dann nach einem Jahr eine Berufsschule anzufangen.		
Einzelarbeit	**AB 105/Ü19** Forumsbeitrag als Schreibtraining, eignet sich als zusätzliche Vorlage für die Aufgabe 2b) im Kursbuch.	3 🔊 44	
Einzelarbeit	b) Die TN sammeln Stichworte zu den Fragen, lesen sich die Redemittel durch und schreiben mithilfe der Redemittel selbst einen Online-Beitrag.		

3 Selbstkorrektur

SOZIALFORM	ABLAUF	MATERIAL	ZEIT
Einzelarbeit Gruppen- arbeit Einzelarbeit	Die TN kontrollieren ihre Texte. Helfen Sie bei Schwierigkeiten. **VERTIEFUNG: Kommentarlawine (Glossar → S. 166):** Jede/r TN liest einen Text aus der Gruppe (nicht den eigenen) und kommentiert ihn im Hinblick auf Inhaltspunkte und Stil. Hierzu können Textstellen eingekreist und am Rand eine Bemerkung geschrieben werden. Dann wird der Text an die/den Nächsten weitergegeben. Diese/Dieser liest die Kommentare und kommentiert sie oder fügt neue hinzu. So wird weitergemacht, bis jede/r das eigene Blatt zurückbekommt. Die Kommentare werden nun zur Überarbeitung herangezogen.		

Ich kann jetzt ...

SOZIALFORM	ABLAUF	MATERIAL	ZEIT
Einzelarbeit	Die TN markieren, was auf sie zutrifft.		

HÖREN 2

1 Eine Anleitung verstehen

SOZIALFORM	ABLAUF	MATERIAL	ZEIT
Einzelarbeit Plenum	a) Die TN hören die Anleitung in Abschnitten und markieren die passende Zeichnung. Kontrolle im Plenum. *Lösung: 1 B, 2 A, 3 A, 4 A*	2 🔊 20–23	
Plenum	b) Die TN hören noch einmal die gesamte Anleitung und tanzen mit. **TIPP:** Sie können die Polonaise auch innerhalb des Klassenraumes durchführen, ggf. auch über Hindernisse wie Stühle etc.	2 🔊 20–24	

2 Lokale Präpositionen

SOZIALFORM	ABLAUF	MATERIAL	ZEIT
Einzelarbeit Plenum	a) Die TN lesen die Tanzanleitung und ergänzen die Präpositionen. Kontrolle im Plenum. *Lösung: 2 um ... herum; 3 gegenüber; 4 außerhalb; 5 entlang; 6 an ... vorbei*		
Einzelarbeit Plenum	b) Die TN ergänzen die Tabelle mithilfe des Textes. Weisen Sie sie auch auf die Grammatikübersicht im Kursbuch (→ KB 100/3) hin. Kontrolle im Plenum. *Lösung:* Präposition + Akkusativ: *entlang, um ... herum;* Präposition + Dativ: *gegenüber, entlang, an ... vorbei;* Präposition + Genitiv: *innerhalb*		
Einzelarbeit	**AB 105/Ü20** Grammatikwiederholung: Einsetzübung zu den Wechselpräpositionen.		
Einzelarbeit	**AB 106/Ü21–22** Weiterführende Übungen zu den lokalen Präpositionen; auch als Hausaufgabe geeignet.		

Ich kann jetzt ...

SOZIALFORM	ABLAUF	MATERIAL	ZEIT
Einzelarbeit	Die TN markieren, was auf sie zutrifft.		
Plenum	**VERTIEFUNG:** Verstecken Sie in der Pause etwas von einer Lernpartnerin / einem Lernpartner im Kursraum. Um den Gegenstand wiederzufinden, beschreiben Sie ihr/ihm den Weg dahin. Beispiel: *Geh hier links entlang bis zum Schrank. Dort gegenüber findest du ...*		

WORTSCHATZ

1 Moderne Lernausstattung

SOZIALFORM	ABLAUF	MATERIAL	ZEIT
Einzelarbeit Plenum	a) Die TN ordnen die Wörter den Bildern zu. Kontrolle im Plenum. *Lösung:* oben: *2 die Maus und die Tastatur; 4 der Kopfhörer; 7 der USB-Stick; 8 der Drucker und der Scanner;* unten: *3 das Tablet und das Smartphone; 10 das WLAN; 6 die App; 9 der Bildschirm/Monitor; 5 die Lautsprecher* **VERTIEFUNG:** Fragen Sie die TN, was sie davon wie oft am Tag benutzen.		

Einzelarbeit	b) Die TN streichen das Wort, das nicht zu dem Nomen passt. **TIPP:** Weisen Sie die TN darauf hin, wie wichtig das Lernen in Wortfeldern für das Gehirn ist. *Lösung:* von links nach rechts: *anschließen, einlegen, aufschließen, trennen, schreiben, surfen, Geld abheben*		
Einzelarbeit	**AB 107/23** Wortschatzübung zu Alltagsmedien; auch als Hausaufgabe geeignet.		
Partnerarbeit	c) Die TN sagen, was sie unbedingt am Arbeitsplatz brauchen und wofür.		

2 Spiel: Wortfelder *lernen* und *lehren*

SOZIALFORM	ABLAUF	MATERIAL	ZEIT
Partnerarbeit	a) Die TN versuchen zu zweit, in fünf Minuten zu den beiden Verbstämmen *lehr-* und *lern-* so viele Wörter wie möglich zu finden und zu notieren. *Beispiellösung: Lernpartner, lern(un)willig, Lernschritt, lernschwach, Lernsoftware, Lernspiel, Lernstoff, Lernziel, Lernfortschritt; Lehranstalt, Lehrer, lehrreich, Lehrling, Lehramt, Lehrstück, Gelehrte/r, Lehrstelle, Lehre, Lehrmittelfreiheit*		
Plenum	b) Ein beliebiges Team beginnt, seine gefundenen Wörter vorzulesen. Nach jedem Wort wird gefragt, wer das Wort auch gefunden hat. Die jeweiligen Paare melden sich. Hat niemand das Wort, bekommt das Team den Punkt. Hat das Team alle Wörter vorgelesen, wird gefragt, wer weitere Wörter hat. Das Spiel geht so lange, bis alle Wörter genannt wurden. Sie entscheiden, welche Komposita zulässig sind und welche nicht.		

Ich kann jetzt ...

SOZIALFORM	ABLAUF	MATERIAL	ZEIT
Einzelarbeit	Die TN markieren, was auf sie zutrifft.		
Partnerarbeit	**VERTIEFUNG: Improvisationsübung (Glossar → S. 165)** zum Thema „Computer“.		

SEHEN UND HÖREN

1 Sprachen lernen

SOZIALFORM	ABLAUF	MATERIAL	ZEIT
Plenum	a) Die TN sehen den Film ohne Ton und ohne die Schrift am Ende an und vermuten, was die Personen sagen. Stoppen Sie beim zweiten Sehen den Film nach jeder Person (immer noch ohne Ton!) und lassen Sie die TN raten, woher die Person ihrer Meinung nach kommt.	31	

Plenum	b) Die TN sehen das Video <u>mit Ton</u> an und überprüfen ihre Vermutungen. **VERTIEFUNG:** Die TN schreiben an die Tafel und sagen, was „Ich liebe dich" in ihrer Heimatsprache heißt. Die anderen TN sprechen nach. Die Sprachen, die im Film genannt werden sind: Italienisch: *Io ti amo.* Englisch: *I love you.* Französisch: *Je t' aime.* Schwedisch: *Jag älskar dig.* Hindi: *Mujhe tum se pyaar.* Japanisch: *Ai shite imasu.* Arabisch: *Behibak.* Türkisch: *Seni seviyorum.* Chinesisch, Mandarin: *Wo ai ni.* Hawaiianisch: *Aloha au ia oe.* Thailändisch: *Phom rak khun.* Koreanisch: *Saranghae.*	31	
Plenum	c) Die TN sagen, was die Filmemacher ihrer Meinung nach erreichen möchten. *Lösung: Sie möchten Werbung für etwas machen.*		

2 Meinungen zum Film

SOZIALFORM	ABLAUF	MATERIAL	ZEIT
Plenum	a) Die TN begründen mithilfe der Stichworte oder eigener Assoziationen, warum diese Werbung so gut funktioniert.		
Plenum	b) Die TN äußern ihre Meinung zum Werbespot. Lassen Sie die TN auch Begründungen formulieren.		

3 Projekt – Wir drehen einen kurzen Film

SOZIALFORM	ABLAUF	MATERIAL	ZEIT
Gruppen-arbeit	Nutzen Sie die Kopiervorlage Lektion 7/2b zur Gruppenfindung. a)+b) Die TN ordnen zu und wählen einen Satz aus, den sie dann in ihre Muttersprachen übersetzen. *Lösung: Ärger = 3, Begeisterung = 1, Verliebtsein = 2*	Kopiervorlage Lektion 7/2b	
Gruppen-arbeit	c) Die TN sprechen die von ihnen ausgewählten Sätze in ihrer Muttersprache und versuchen dabei, das Gefühl, das sie vorher zugeordnet haben, auszudrücken. Die TN filmen sich gegenseitig und zeigen den anderen Gruppen, die dann den Satz raten sollen, die Aufnahme. **TIPP:** Theaterpädagogische Übungen wie diese funktionieren am besten im Stehen. Fordern Sie die TN dazu auf. Die anderen geben Feedback, ob sie das Gefühl spüren konnten.	Smartphone	
Plenum	d) Die TN wählen den besten Film im Kurs und begründen ihre Auswahl.		

Mein Dossier

SOZIALFORM	ABLAUF	MATERIAL	ZEIT
Einzelarbeit Plenum	**AB 107/Ü24** Selbst gemachte Geschenke: Die TN beschreiben mithilfe der Redemittel ein Geschenk, das sie selber hergestellt haben, und bringen ggf. ein Foto davon mit. **INTERKULTURELLES:** Sprechen Sie im Kurs darüber, inwieweit selbstgemachte Geschenke im Heimatland der TN einen Wert haben. Sind gekaufte Geschenke kostbarer? **LANDESKUNDE:** Im deutschsprachigen Raum sind selbstgemachte Geschenke sehr wertvoll, oft noch wertvoller als gekaufte. Man möchte zeigen, dass man sich die Zeit genommen hat, um etwas speziell für den anderen herzustellen.		

Ich kann jetzt ...

SOZIALFORM	ABLAUF	MATERIAL	ZEIT
Einzelarbeit	Die TN markieren, was auf sie zutrifft.		

AUSSPRACHE: *ch (Ach-Laut), ch (ich-Laut) und ch – sch* (Arbeitsbuch → AB 108)

1 Gedicht

SOZIALFORM	ABLAUF	MATERIAL	ZEIT
Einzelarbeit	a) Die TN versuchen, das Gedicht zu lesen. Sagen Sie ihnen dabei nicht zu früh, wie sie darauf kommen können, sondern lassen Sie es die TN selbst herausfinden.		
Einzelarbeit	b) Die TN hören das Gedicht ohne mitzulesen und zählen, wie oft sie „acht“ hören. Dann vergleichen sie im Kurs.	3 🔊 45	

2 Ach-Laut (*ch*) und Ich-Laut (*ch*)

SOZIALFORM	ABLAUF	MATERIAL	ZEIT
Einzelarbeit	a) Die TN hören und markieren den Laut.	3 🔊 46	
Einzelarbeit	b)+c) Die TN lesen die Wörter laut, ordnen sie dann in die Tabelle und unterstreichen die Vokale. Fragen Sie die TN nach der Regel. (Nach *a,u,o, au* → Ach-Laut; nach *e, ei, i, eu, ü, ä, ö* → Ich-Laut.) **TIPP:** Sammeln Sie mit den TN zusätzliches Wortmaterial und lassen Sie die TN die Laute mit unterschiedlichen Farben markieren. Übungen dieser Art dienen der Verinnerlichung und Bewusstmachung der Regel. Anhand der farbig markierten Wörter können sich die TN selbst die Regel, also wann man den *ach*- und wann den *ich*-Laut spricht, herleiten. Beispiel: *Ich mache die Küche sauber, ich koche gern, ich trinke gern Milch, ich bin Raucher, ich spreche Chinesisch, ich lache gern, ich liebe dich.* Sie können diese Sätze auch interaktiv anlegen, indem ein/e TN einen dieser Satz spricht, die/der andere mit „Ich auch!“ oder „Ich nicht!“ reagieren muss.		

3 *ch* und *sch*

SOZIALFORM	ABLAUF	MATERIAL	ZEIT
Plenum	Die TN hören die Wortpaare und sprechen nach.	3 🔊 47	

LERNWORTSCHATZ (Arbeitsbuch → AB 109)

SOZIALFORM	ABLAUF	MATERIAL	ZEIT
Einzelarbeit	**LERNSTRATEGIE-TIPP 8:** Geben Sie den TN folgenden Tipp: Wenn die TN viele neue Verben zu einem Wortfeld lernen müssen, können sie eine Handlungskette schreiben. Dabei beschreiben sie zum Beispiel ganz genau alle Tätigkeiten am Computer. Sie beenden die Handlung mit irgendetwas Witzigem, Unnormalem. Außergewöhnliches merkt sich das Gehirn besser.		

LEKTIONSTEST 8 (Arbeitsbuch → AB 110)

SOZIALFORM	ABLAUF	MATERIAL	ZEIT
Einzelarbeit	Mithilfe des Lektionstests haben die TN die Möglichkeit, ihr neues Wissen in den Bereichen Wortschatz, Grammatik und Redemittel zu überprüfen. Wenn die TN mit einzelnen Bereichen noch Schwierigkeiten haben, können sie gezielt noch einmal einzelne Module wiederholen.		

REFLEXION DER LEKTION

SOZIALFORM	ABLAUF	MATERIAL	ZEIT
Plenum	Die TN nehmen die „Diskussionskärtchen" aus Kursbuch (→ KB 93 bzw. → KB 104) aus der **Wiederholungskiste (Glossar → S. 168)**. Jede/r TN erhält ein Redemittelkärtchen davon und beantwortet die Fragen: *War die Lektion produktiv? Was hat Sie weitergebracht, was nicht?*	Kärtchen, Briefumschläge, Wiederholungskiste	
Partnerarbeit Plenum	Lernstrategien im Lehrwerk: Wiederholen Sie noch einmal alle im Kursbuch (→ KB 19, 31, 41, 43, 44, 52, 58, 65, 70, 71, 82, 90) behandelten Lernstrategien. Die TN nehmen sich dazu immer paarweise eine Lektion vor und schreiben die Tipps auf Kärtchen. Ergänzen Sie. Alle Lernstrategiekärtchen werden auf den Boden gelegt und die TN nehmen sich die Strategien, die sie hilfreich fanden und hängen sie an die Wand. Alle unnötigen landen im Papierkorb.	Kärtchen	

EXTRA BERUF

Situationstext

SOZIALFORM	ABLAUF	MATERIAL	ZEIT
Plenum	Die TN lesen den Situationstext und die Checkliste zur Vorbereitung auf eine Jobmesse. Alternative Herangehensweise: Bei geschlossenen Büchern an der Tafel sammeln lassen, welche Schritte für das Thema infrage kommen könnten. Anschließend Vergleich mit der Checkliste im Buch.		

1 Den Besuch einer Jobmesse planen

SOZIALFORM	ABLAUF	MATERIAL	ZEIT
Einzelarbeit Plenum	a) Die TN lesen die Aussagesätze. Danach hören Sie das Gespräch und markieren die richtigen Aussagen. Kontrolle im Plenum. *Lösung: 1, 3, 5*	2 🔊 25	
Plenum	b) Die TN lesen zuerst in *Wussten Sie schon?* den Text über Job- und Karrieremessen. Fragen Sie die TN im Kurs, welche Messen sie kennen und ob es in ihren Heimatländern auch Jobmessen gibt. Anschließend diskutieren die TN, welche Vorteile ein Messebesuch hat.		
Einzelarbeit Gruppen- arbeit	c) Die TN suchen im Internet nach einer Jobmesse, die ihrem Berufsfeld entspricht; auch als Hausaufgabe geeignet. Danach sprechen sie in Gruppen über ihre Rechercheergebnisse.	Internet	

2 Ein Firmenporträt ansehen und verstehen

SOZIALFORM	ABLAUF	MATERIAL	ZEIT
Einzelarbeit Plenum	a) Die TN lesen den Internettext und ordnen anschließend die Begriffe den Textabschnitten zu. Kontrolle im Plenum. *Lösung: Motto des Unternehmens, Standort des Unternehmens, Zahl der Beschäftigten, Unternehmensphilosophie, mögliche Beschäftigungsformen*		
Einzelarbeit Plenum	b) Die TN ergänzen zu den Stichworten die passende Information. Kontrolle im Plenum. *Lösung: Branche: Automobilbranche; Produkt: Motoren; Kunden: Automobilhersteller*		
Einzelarbeit Plenum	c) Die TN lesen die Aussagesätze und markieren die richtigen Aussagen. Kontrolle im Plenum. Sehen Sie sich gemeinsam mit den TN noch einmal den Text an. Woran kann man erkennen, dass es sich um einen werbenden Text handelt? Was an dem Text empfanden die TN sprachlich als die größte Herausforderung? *Lösung: 1 bietet auch Stellen für Berufseinsteiger (Stichwort: Auszubildende); 2 können sich auch unabhängig von Stellenanzeigen bewerben (Stichwort: Initiativbewerbung)*		
Plenum Einzelarbeit	d) Die TN lesen zuerst in *Wussten Sie schon?* den Text über Firmenporträts. Besprechen Sie unbekannte Wörter im Plenum. Anschließend besuchen sie die Webseite eines Unternehmens, das sie interessiert und fassen das Firmenporträt des Unternehmens in Stichpunkten zusammen; auch als Hausaufgabe geeignet. Anschließend präsentieren sie das Unternehmen im Kurs.	Internet	

3 Kontakt zu Firmen aufnehmen

SOZIALFORM	ABLAUF	MATERIAL	ZEIT
Plenum	a) Die TN lesen die Stichpunkte und überlegen, welche Fragen man bei einem Kontaktgespräch stellen könnte. Sammeln Sie die Fragen an der Tafel. Weisen Sie darauf hin, dass ein Gespräch dieser Art auf einer Fremdsprache immer eine große Herausforderung ist – man sich aber auch gut vorbereiten kann.		
Einzelarbeit Plenum	b) Die TN lesen die Fragen, hören das Gespräch und beantworten die Fragen in Stichworten. Kontrolle im Plenum. *Lösung: 1 Motorenproduktion; 2 Karriereseite; 3 NFZ-Mechatroniker in Neckarsulm; 4 Stadtwerke Krakau; 5 Elektromobilität / E-Mobility Department; 6 Visitenkarte*	2 🔊 26	
Einzelarbeit Plenum	c) Die TN lesen die Stichworte und hören das Gespräch ein zweites Mal. Danach beurteilen sie die Gesprächsführung mit „g“ = gut und „v“ = verbessern. Anschließend diskutieren sie im Kurs über ihre Beurteilungen.	2 🔊 26	
Partnerarbeit	d) Die TN lesen den zuerst den Lerntipp zur „richtigen Gesprächsführung“. Besprechen Sie unbekannte Wörter im Plenum. Anschließend bereiten sie zu zweit ein Messegespräch zu ihrem Berufsfeld vor. Für die Erstellung des Gesprächs können die TN die gesammelten Fragen aus 3a zur Hilfe nehmen und sich Notizen machen. Danach führen sie ein Messegespräch. Ein TN ist dabei der Firmenvertreter, der andere TN ist Messebesucher. Nach dem Gespräch tauschen die TN ihre Rollen.		

4 Sich auf ein Vorstellungsgespräch vorbereiten

SOZIALFORM	ABLAUF	MATERIAL	ZEIT
Einzelarbeit Gruppen-arbeit	a) Die TN lesen das Antwortschreiben der Firma. Anschließend diskutieren sie in Gruppen, was er tun sollte. Vergleichen Sie im Plenum. Sammeln Sie an der Tafel, wie man reagieren kann, wenn man einen Termin wirklich einmal absagen muss.		
Einzelarbeit Plenum	b) Die TN lesen die Checkliste zur Gesprächsvorbereitung und ordnen die Verben den Nomen zu. Kontrolle im Plenum. *Lösung: den Termin schriftlich bestätigen; Kleidung für den Termin auswählen; die An- und Rückreise organisieren; Freunde und Familie über den Termin informieren; wichtige Unterlagen zusammenstellen; sich Reaktionen auf typische Fragen überlegen; Informationen über die Firma zusammenstellen*		
Plenum	c) Die TN lesen zuerst den Lerntipp zur Gesprächsvorbereitung. Besprechen Sie unbekannte Wörter im Plenum. Anschließend markieren die TN in Aufgabe 4b die Punkte, die sie für wichtig halten. Anschließend diskutieren sie im Kurs darüber.		

SOZIALFORM	ABLAUF	MATERIAL	ZEIT
Gruppenarbeit Plenum	Die TN teilen sich in Dreiergruppen auf zu den Stichworten *Themen, Grammatik* und *Redemittel.* Jede Gruppe blättert noch einmal durch das Kursbuch und macht eine Tabelle zu ihrem Stichwort: *Was wurde alles behandelt?* Jede Gruppe überlegt sich dazu acht Aufgaben und stellt sie den anderen Gruppen. Kontrollieren Sie dann gemeinsam im Kurs.		
Partnerarbeit	Sie können auch zeitsparender die Kopiervorlage Lektion 8 einsetzen. Dieses kleine Quizspiel können die TN in Partnerarbeit spielen. Kopieren Sie die Kopiervorlage für jede/n TN einmal. Die TN lesen die Situationen und notieren sich entsprechende Sätze dazu. Achten Sie darauf, dass die TN ganze Sätze formulieren und die gelernten Redemittel anwenden. Nach jeder Aufgabe besprechen die Lernpartner ihre Ergebnisse. Gehen Sie herum und helfen Sie bei Schwierigkeiten.	Kopiervorlage Lektion 8	
Partnerarbeit	Die TN schauen sich ihre Portfoliomappen an. Bringen Sie ihnen auch ihre eigenen Briefe aus Lektion 1 zum Lesen mit. Was hat sich verändert? Wie hoch ist der Lernfortschritt? Sind die eigenen Ziele erreicht worden?		
Plenum	Alle TN halten noch einmal eine **flammende Rede (Glossar → S. 165).**		

Kopieren Sie die Vorlage für jede Gruppe und schneiden Sie wie angegeben Streifen aus.

Woher kommen Sie?

Wo wohnen Sie?

Wo ~~Wie~~ liegt das?

Was ist Ihre Muttersprache?

Welche Sprachen sprechen Sie?

Welche Sprache sprechen Sie bei der Arbeit?

Wo haben Sie Deutsch gelernt?

Was sind Sie von Beruf?

Wo arbeiten Sie?

Als was möchten Sie gerne arbeiten?

Sie brauchen für jeden Mitspieler eine Spielfigur sowie eine Spielfigur extra; dazu einen Würfel. Stellen Sie Ihre Figuren auf „Start" und eine Extra-Figur in das innere Rechteck. Die/Der Jüngste beginnt. Würfeln Sie und ziehen Sie beide Figuren (zum Beispiel auf *spannend* und *Buch*). Versuchen Sie, das Nomen und das Adjektiv folgendermaßen zu verbinden: 1. mit indefinitem Artikel (*ein spannendes Buch*), 2. mit definitem Artikel *(das spannende Buch)*, 3. ohne Artikel *(spannendes Buch)*. Wer sich auch noch einen grammatisch richtigen Satz dazu ausdenkt *(Ich lese ein spannendes Buch.)*, darf ein Feld weitergehen. Danach ist die/der Nächste an der Reihe. Wenn beide Wörter nicht zusammenpassen, darf der TN ein anderes Wort aus dem inneren Rechteck wählen.

Start	Alltag	Regel	Nachricht	Insel

Liste
Satz
Wörterbuch
Sprichwort
Tabelle
System
Training
Gerät
Thema
Häuser
Mensch
Buch
Übung
Geschichte
Erfolg
Teilnehmer
Zimmer
Geschenke
Handy
Sprache
Wortschatz
Information

Gemeinsamkeit	Lernpartner	Arbeit	Kontakt	Internet

Ziel
Text
Zeitung
Lied
Freundin
Wohnungen
Schokolade
Fernseher
Fotos
Brief
Person
Ziel
Gespräch
Film
Rollenspiel
Aussprache
Sprachkurs
Test
Ergebnis
Telefonbuch

regelmäßig	klein
aktiv	geeignet
dick	nützlich
alt	persönlich
gut	einsam
spannend	notwendig
groß	lang
kurz	dünn
neu	schnell
aktiv	gut
unangenehm	wichtig

Sie kommen das erste Mal in die Sprachschule. Vor dem Unterrichtsraum wartet ein junger Mann – offensichtlich ein Mitschüler. Sie fragen ihn, ob er neu ist.

Sie sind sehr vertraut mit einer älteren Kollegin und finden das *Sie* völlig unangemessen. Sie fragen sie, ob sie sich nicht duzen können. Ist das okay?

Eine ältere Frau, die Sie nicht kennen, grüßt Sie mit: „Hallo, wie geht es dir?" Wie reagieren Sie?

Sie sind zu einer Party eingeladen und kennen nur den Gastgeber. Seine Freundin kommt auf Sie zu und bietet Ihnen ein Glas Sekt an.

Sie fangen in einem Badminton-Verein an, stellen sich vor und fragen die anderen nach ihren Namen.

Sie treffen eine Freundin, die Ihnen wiederum ihre Freundin vorstellt. Wie begrüßen Sie sie?

Sie sind umgezogen und Ihre 80-jährige Nachbarin lädt Sie zum Kaffee ein.

***Du* oder *Sie*?**
Welche Form benutzen Sie in den einzelnen Situationen?

Sie brauchen für jeden Mitspieler eine Spielfigur und einen Würfel. Stellen Sie Ihre Figuren auf „Start". Die/Der Jüngste beginnt. Würfeln Sie, ziehen Sie Ihre Figur und lesen Sie die jeweilige Situation vor. Wie würden Sie auf die Situation reagieren? Sagen Sie einen passenden Satz. Ist er richtig? Diskutieren Sie in der Gruppe. Nicht immer gibt es eine eindeutige Lösung. Fällt die Entscheidung positiv für Sie aus, können Sie weiterwürfeln, wenn nicht, ist die/der Nächste an der Reihe.

Sie sind in einer Kneipe, die bei jungen Leuten sehr beliebt ist und wo nur junge Leute kellnern. Wie bestellen Sie ein Getränk?

Sie wollen ein junges Paar auf der Straße nach dem Weg fragen. Was sagen Sie?

Sie kennen Ihre Lehrerin seit einem Monat. Plötzlich sagt sie im Unterricht immer „du". Wie sprechen Sie sie dann an?

Einem Kollegen passiert es, dass er im Gespräch aus Versehen „du" sagt. Duzen Sie ihn nun auch?

Sie waren mit Ihren Kollegen abends feiern und haben sich dort alle geduzt. Nun sind Sie wieder in der Firma und brauchen eine Unterschrift von einem Kollegen. Was sagen Sie?

In Ihrer neuen Firma duzen sich alle. Sie müssen nun eine Präsentation halten und wissen nicht, wie Sie Ihre Kollegen ansprechen sollen.

Sie sitzen mit anderen Eltern am Elternstammtisch. Sie sind sich sehr sympathisch. Wie sprechen Sie die anderen Eltern an?

Sie machen einen Gymnastikkurs an der VHS, an dem sehr viele ältere Leute teilnehmen, die sich alle duzen. Wie sprechen Sie sie an?

Start/Ende

Kopieren Sie die Vorlage für jede Gruppe und zerschneiden Sie die „Dominosteine“ an den angegebenen Stellen.

nach	denken	an	sich verabschieden	an	sorgen
an	sich beschäftigen	auf	sich freuen	auf	warten
auf	sich bedanken	für	schicken	für	gratulieren
über	bitten	um	sich kümmern	um	sich bedanken
bei	fragen	bei	sich melden	bei	hoffen
mit	sich verabreden	mit	schreiben	von	einladen
zu	sich freuen	zu	helfen	nach	suchen

Sicher in Alltag und Beruf! B1+ | 978-3-19-001209-1 | © 2019 Hueber Verlag | Autorin: Claudia Böschel

Bewegungsspiel zu trennbaren Verben

a **Arbeiten Sie zu zweit. Stehen Sie auf, lesen Sie sich gegenseitig die Kommandos vor und machen Sie die Bewegungen nach.**

Beine / Verben:

Gruppe 1	*fahren*	rechtes Bein vor
	kommen	linkes Bein vor
Gruppe 2	*gehen*	rechtes Bein seitlich
	reisen	linkes Bein seitlich
Gruppe 3	*holen*	rechtes Bein zurück
	bringen	linkes Bein zurück

Arme / Vorsilben:

ab	linker Arm vor
an	rechter Arm vor
los	rechter Arm seitlich
ver	linker Arm seitlich
weg	beide Arme zurück

b **Stellen Sie sich gegenüber auf. Ihre Lernpartnerin / Ihr Lernpartner nennt ein Verb aus der Gruppe 1, und Sie machen die passende Bewegung. Wechseln Sie nach einer Weile die Rollen.**

	TN 1		TN 2
Beispiel:	*„Ich fahre"*	→	*rechtes Bein vor*

c **Nun nennt Ihre Lernpartnerin / Ihr Lernpartner ein Verb aus Gruppe 1 und eine Vorsilbe dazu. Machen Sie die passende Bewegung. Wechseln Sie nach einer Weile die Rollen.**

	TN 1		TN 2
Beispiel:	*„Ich fahre ab."*	→	*rechtes Bein und linker Arm vor*

d **Können Sie noch? Dann machen Sie das Spiel mit mehr Verben. Nehmen Sie die Verben der Gruppe 2 und 3 dazu und geben Sie die Kommandos schneller. Wechseln Sie nach einer Weile die Rollen.**

	TN 1		TN 2
Beispiel:	*„Er geht."*	→	*rechtes Bein seitlich*
	„Er geht los."	→	*rechtes Bein und rechter Arm seitlich*

Kopieren Sie die Vorlage für jede Gruppe und schneiden Sie wie angegeben Kärtchen aus.

Ich würde gern einmal ...	Ich würde am liebsten ...	Gut, dann sind wir uns ja einig.
Es wäre schön, wenn ...	Ich wünsche mir ...	Für mich kommt es nicht infrage, dass ...
Ich möchte auf keinen Fall, dass ...	Ich habe keine Lust, ... zu ...	Wie findest du die Idee, ...?
Wie wäre es, wenn ...?	Na dann schlage ich vor, dass ...	Wir können ja mal ...
Würdest du denn ...?	Klingt spannend! Glaubst du, wir können ...?	Das ist aber bestimmt sehr ...
Ich hätte noch eine Frage: ...?	Meinst du nicht, wir sollten ...?	Keine schlechte Idee, aber wie wär's denn, wenn wir ... oder ...?
Ja schön, dann machen wir das doch!	Warum eigentlich nicht?	... das klingt gut, meinetwegen können wir das gern machen.
Ich glaube, diesmal eher nicht.	Das ist mir, ehrlich gesagt, nicht so recht.	Was hältst du davon ...?

Sicher in Alltag und Beruf! B1+ | 978-3-19-001209-1 |

Kopieren Sie die Vorlage für jede Gruppe und schneiden Sie wie angegeben Streifen aus.

seit	Hausaufgaben machen
gegen	eine CD per Post erhalten
innerhalb	ohne Mitbewohner leben
außerhalb	einen Termin ausmachen
während	ein Instrument lernen
von ... an	die Wohnung aufräumen müssen
am	mit Freunden ins Kino gehen
im	laut Musik hören
an	keine Informationen erhalten
um	ein neues Sofa kaufen
von ... bis ...	Freunde zum Grillen einladen
in	in ein Haus mit Garten ziehen
bis zu ...	auf Besuch warten

Rückmeldebogen für Rollenspiele

Rückmeldung für: ______________________________

Über welche Person hat sie/er geredet?

____

____

____

Welche Wünsche, welche Abneigungen hat sie/er genannt?

____

____

____

Waren die Argumente logisch?

____

____

____

Wie war die Körperhaltung?

○ aufrecht/selbstbewusst ○ krumm/schüchtern ○ normal

Wie waren die Gesten?

____

____

Wie hat sie/er gesprochen (zu laut / zu leise / deutlich / undeutlich / angemessen / ...)

____

____

____

Mir ist aufgefallen, dass ...

____

____

____

Das hat mir besonders gut gefallen:

____

____

____

Sicher in Alltag und Beruf! B1+ | 978-3-19-001209-1 | | Autorin: Claudia Böschel

Speed-Dating

a **Wählen Sie zunächst, ob Sie Chefin/Chef oder Bewerberin/Bewerber sein möchten.**

b **Einigen Sie sich dann auf eine Stelle, die Sie als Chef anbieten bzw. auf die Sie sich bewerben möchten.**

c **Lesen Sie sich die Fragen durch und machen Sie sich als Bewerber Notizen; überlegen Sie als Chefin/Chef, welche Fragen Ihnen am wichtigsten erscheinen.**

d **Führen Sie das Speed-Dating durch. Die Chefs stellen die für sie wichtigsten Fragen. Wechseln Sie nach drei Minuten die Rollen.**

1 Was haben Sie bisher gemacht?

2 Haben Sie schon einmal als ... gearbeitet?

3 Welche Qualifikationen haben Sie für diesen Beruf?

4 Was wissen Sie über die Arbeit als ... ?

5 Wie stellen Sie sich Ihre Arbeit als ... bei uns vor?

6 Wie flexibel sind Sie zeitlich? Können Sie auch mal länger arbeiten?

7 Können Sie auch am Wochenende arbeiten?

8 Können Sie sich vorstellen, in eine andere Stadt zu ziehen?

9 Können Sie sich vorstellen, Schicht zu arbeiten?

10 Arbeiten Sie gern im Team?

11 Haben Sie einen Führerschein Klasse 3?

12 Was sind Ihre Hobbys?

13 Was sind Ihre Stärken?

14 Was sind Ihre Schwächen?

15 Welche Sprachen sprechen Sie?

16 Welche Computerkenntnisse haben Sie?

17 Haben Sie noch Fragen?

Kopieren Sie die Vorlage für jede Gruppe und schneiden Sie wie angegeben Kärtchen aus.

1

denn	weil	Das Konzert	wird
verschoben	,	.	um eine Woche
der Sänger	ist	erkrankt	

2

aber	trotzdem	obwohl	hatten
schlechte Plätze	,	.	wir
waren	von dem Konzert	begeistert	wir

3

nämlich	darum	das Konzert	wird
verschoben	.	.	der Sänger
ist	auf einer Hochzeit		

Sicher in Alltag und Beruf! B1+ | 978-3-19-001209-1 | © 2019 Hueber Verlag | Autorin: Claudia Böschel